Das Geheimnis der ewigen Jugend der Derwische

Einführung in die 7 höheren Arkanas

Idris Lahore

Ennea Tess Griffith • Emma Thyloch

vianova
Verlag Via Nova

DAS GEHEIMNIS DER EWIGEN JUGEND DER DERWISCHE

Einführung in die 7 höheren Arkanas

Idris Lahore

Ennea Tess Griffith • Emma Thyloch

vianova

Verlag Via Nova

Übersetzung aus dem Französischen:
Ulrike Kraemer

Originaltitel:
Le Secret de l'éternelle jeunesse des Derviches
Les sept arkana majeurs

1. Auflage 2007
Verlag Via Nova, Alte Landstraße 12, 36100 Petersberg
Telefon: (0661) 62973
Fax: (0661) 9679560
E-Mail: info@verlag-vianova.de
Internet: www.verlag-vianova.de

Umschlaggestaltung: avak Publikationsdesign, 80636 München
Satz: typo-service kliem, 97647 Neustädtles
Druck und Verarbeitung: Fuldaer Verlagsanstalt, 36037 Fulda

ISBN 978-3-86616-075-0

Oh Tag, erhebe dich! Es tanzen die Atome,
Die Seelen, wenngleich ohne Körper, tanzen, tanzen in entrückter Freude.
Er, für den das Himmelsgewölbe und die Sphären tanzen,
Ins Ohr will ich dir flüstern, wohin der Tanz ihn zieht.

RUMI – Rubâi' yât, *IX.*

Rechte Seite: Ennea Tess Griffith tanzt den *Sama*, den „Tanz der Planeten“

DIE EUPHONISCHE GESTIK DES SAMADEVA

VORWORT

Ennea Tess Griffith

Idris Lahore hat den Anstoß dazu gegeben, dass ich die *Libre Université de l'Euphonie Gestuelle du Samadeva* (Freie Universität der euphonischen Gestik des Samadeva) gegründet habe. Mein Ziel war es, sowohl das Wissen als auch die praktischen Techniken anzubieten, die dazu beitragen können, nicht nur das körperliche Wohlbefinden zu verbessern, sondern auch die innere Entwicklung des Menschen zu fördern. Um dieses Ziel zu erreichen, habe ich praktische Techniken des Ostens – wie Zen, Yoga und Chi Gong – mit Methoden verbunden, die im Laufe der letzten Jahrzehnte im Westen entwickelt wurden und zu denen Stretching und Entspannung, Sophrologie und Eurythmie gehören. So haben in der Arbeit der *Libre Université de l'Euphonie Gestuelle du Samadeva* östliche Weisheit und westliche Wissenschaften ihren größtmöglichen harmonischen Ausdruck gefunden.

Als geistig-körperliche Methode ist die euphonische Gestik des Samadeva gewiss einer der größten Schätze dieser Arbeit. Tatkräftig unterstützt von meinen Kollegen und insbesondere von Emma Thyloch habe ich unablässig daran gearbeitet, die euphonische Gestik des Samadeva zu vervollkommnen. Meine Kontakte zu Medizinern, Therapeuten, Yogalehrern, Fachleuten auf dem Gebiet heiliger Tänze und tanzenden Derwischen waren für mich eine unaufhörliche Quelle der Bereicherung und haben maßgeblichen Anteil daran, dass ich diese Methode in so hohem Maße verfeinern konnte.

Idris Lahore – dieser wahrhaft außergewöhnliche Mann – hat die ganze Welt bereist. Von China ist er über Tibet und Indien, Arabien und Persien, Palästina und Ägypten bis ins spanische Andalusien gelangt. Als wandernder Derwisch unter Derwischen hat er von seinen Sufi-Freunden sowohl theoretisches als auch praktisches Wissen erlangt, vor allem auf dem Gebiet der Medizin, die er selbst viele Jahre praktiziert hat. Dies versetzte ihn in die Lage, die wirksamsten Techniken der frühen Weisheitslehrer, die ihr Vermächtnis an die Derwische weitergegeben haben, an unser westliches Medizinsystem anzupassen. Diese gelehrten und gebildeten Männer unterrichteten an den großen islamischen Universitäten des Mittelalters, die nach ihrem Niedergang durch unsere westlichen Institutionen mit ihrer experimentell geprägten Wissenschaft und ihrer systematischen Forschung ersetzt wurden.

Idris Lahore, „mein Freund und mein Meister" (um ein berühmtes zeitgenössisches Lied zu zitieren), hat sein traditionelles medizinisches Wissen für die Mediziner unter seinen Freunden bewahrt, hat mich jedoch alles andere gelehrt, was auf diesem Wissensgebiet in den Bereich der Paramedizin gehört und in früheren Zeiten in der Heilkunst eine wesentliche Rolle gespielt hat. Dazu zählen insbesondere die Kunst der Musik, des gesprochenen Wortes und des Gesangs, die Kunst der Gestik, der Bewegung und des Tanzes sowie die Kunst der Ernährung, der Essenzen und der Düfte.

Die Wurzeln des traditionellen Elements der euphonischen Gestik des Samadeva sind also in den ältesten Lehren der östlichen Weisheitsschulen zu finden, aus denen von der Antike bis in die heutige Zeit die meisten Denkströmungen hervorgegangen sind. Über die verschiedenen, im Laufe der Epochen entstandenen philosophischen Schulen des Yoga, des Sufismus, des Taoismus und des Zen hinaus ermöglicht die euphonische Gestik des Samadeva es uns, den gemeinsamen Ursprung dieser Lehren wieder neu zu entdecken, deren interessanteste Methoden ich in meine Arbeit integriert habe.

Die – wissenschaftlich anerkannte – Wirksamkeit dieser Methoden ist an ein tiefes Wissen gebunden, und sie stellen uns ein praktisches System zur Verfügung, das sowohl zur Vorbeugung als auch zur Heilung genutzt werden kann und das es uns ermöglicht, ein langes Leben in guter Gesundheit zu führen.

Nicht nur in wöchentlichen Kursen, sondern auch in Tages- und Wochenendseminaren für Anfänger oder Fortgeschrittene kann jeder Übende die Harmonie erleben, die neben der Vielfalt der Praxis und auch noch darüber hinaus die euphonische Gestik des Samadeva auszeichnet. Die euphonische Gestik des Samadeva stellt nicht nur eine Philosophie und eine praktische Methode, sondern zugleich auch eine echte Lebenskunst dar.

Die sieben höheren Arkanas sind ein elementarer Bestandteil der euphonischen Gestik, des geistig-körperlichen Zweiges des Samadeva, der acht weitere Zweige umfasst. Die neun Zweige des Samadeva werden im gleichnamigen Kapitel an späterer Stelle des Buches näher erläutert. An der *Libre Université de l'Euphonie Gestuelle du Samadeva* und insbesondere im Laufe ihres jährlich stattfindenden Kongresses haben Sie die Möglichkeit, diese neun Zweige des Samadeva näher kennen zu lernen.

Ich hoffe aufrichtig, dass die Praxis der im vorliegenden Buch vorgestellten sieben höheren Arkanas Ihnen innere Ruhe und Lebensfreude schenkt und Ihnen helfen kann, Ihre höchsten Ziele zu verwirklichen.

EINFÜHRUNG

Idris Lahore

Die sieben höheren Arkanas der euphonischen Gestik des Samadeva sind sehr einfach und dennoch außerordentlich belebend. Sie richten sich an alle Menschen im Alter zwischen drei und neunundneunzig Jahren. In den geheimen Bruderschaften der Derwische wurden sie früher als die „Übungen der Verjüngung" bezeichnet.

Sie sind tatsächlich imstande, dem Körper neue Kraft zu schenken, ihn zu entspannen und mit neuer Energie zu erfüllen. Darüber hinaus bringen sie die Psyche wieder ins Gleichgewicht, verlangsamen den Alterungsprozess, erneuern den Geist und lassen ihn klar und lebendig werden. Die Praxis des Samadeva schenkt Ihnen die Energie, die Sie brauchen, um erfüllt und in einem Zustand innerer Ruhe und Gelassenheit leben zu können. Auch die Menschen in Ihrer Umgebung – Ihr Partner, Ihre Eltern, Kinder, Freunde und Kollegen – werden die positive Wirkung spüren. Sie selbst werden mit einer guten körperlichen Verfassung, innerer Ruhe und einer verbesserten intellektuellen Auffassungsgabe belohnt. Alle Funktionen des Körpers werden angeregt und in ein harmonisches Gleichgewicht gebracht.

Die euphonische Gestik des Samadeva steht mehreren Techniken nahe, zu denen Yoga, Tai Chi Chuan, Eurythmie, Entspannung, Tanz oder sanfte Gymnastik gehören. Sie mobilisiert alle körperlichen, emotionalen und mentalen Kräfte und erlaubt es Ihnen dadurch, Alltagssituationen effektiver zu begegnen.

Alle Menschen wünschen sich Gesundheit und ein langes Leben oder – um es genauer zu sagen – ein langes Leben bei guter Gesundheit. Wie bleiben wir jung? Gehört das Geheimnis der ewigen Jugend, das von Alchemisten und Taoisten gehütete Geheimnis der Unsterblichkeit ins Reich der Legende, oder ist es Realität? Die euphonische Gestik des Samadeva lehrt Techniken, die es Ihnen erlauben, gesund zu bleiben und alt zu werden, ohne zu altern, indem Sie im Geist, im Herzen und im Körper jung bleiben.

Die Meister der frühen Weisheitsschulen lehrten Techniken und Methoden, die dem Zweck dienten, die körperliche, emotionale, mentale und geistige Gesundheit des Praktizierenden zu bewahren. Die euphonische Gestik des Samadeva stellt eine Anpassung der wirksamsten dieser Techniken und insbesondere der sieben höheren Arkanas an die Menschen der heutigen Zeit dar. Sie gründet auf dem Wissen, das die Schulen der Sarmoun gelehrt haben, eine Bruderschaft von Derwischen, die im Mittleren Osten beheimatet ist.

DIE EUPHONISCHE GESTIK DES SAMADEVA

VON DER GESUNDHEIT ZUR PERSÖNLICHEN ENTWICKLUNG

Idris Lahore

Die Bandbreite der euphonischen Gestik des Samadeva reicht von einfachen körperlichen Übungen bis hin zu Psychologie, Gesundheit und Metaphysik. Insbesondere die Vielfalt der geistig-körperlichen Techniken erklärt ihre Wirkung auf die körperliche und psychische Gesundheit und darüber hinaus das Interesse, das sie an der persönlichen Entwicklung des Einzelnen hat.

Unsere Erfahrung in der Begegnung sowohl mit kranken als auch mit gesunden Menschen (potenziell Kranke!) hat uns gezeigt, dass es beim Menschen zwei mögliche Ursachen für Krankheit gibt. Die erste Ursache, die er mit allen organischen und mineralischen Lebensformen auf der Erde (Menschen, Tiere, Pflanzen, Luft, Wasser und Erde) teilt, hängt mit seiner Umwelt zusammen, deren mehr oder minder stark ausgeprägten Angriffen er ausgesetzt ist.

Viele Faktoren – zu denen verbale Angriffe, chemische Substanzen, psychologischer Druck, Luftverschmutzung, Lebensmittelgifte und auch die Vergiftung der Gedanken gehören – haben nachteilige Auswirkungen auf unsere Gesundheit und rufen bestimmte Krankheitsbilder hervor, die mitunter sichtbar und ganz spontan, mitunter aber auch heimtückisch und schleichend auftreten. Alle Systeme des Körpers können davon betroffen sein: Nervensystem und Drüsen, Herz- und Kreislaufsystem, Atmung und Verdauung.

Die zweite mögliche Krankheitsursache ist nur dem Menschen eigen, weil nur er ein Bewusstsein besitzt. Wir wollen uns an dieser Stelle nicht mit der Frage nach dem Ursprung des Bewusstseins und danach aufhalten, ob es angeboren oder erworben, nicht konditioniert oder konditioniert ist, sondern uns mit der Feststellung zufrieden geben, dass Bewusstsein eine äußerst wichtige Dimension des menschlichen Lebens ist, weil es in sehr hohem Maße unser Denken, Fühlen und Handeln prägt. Bewusstsein liegt an der Wurzel aller existenziellen Lebensfragen mit ihren zahllosen Sorgen und Ängsten, deren psychosomatische Folgen heutzutage für niemanden mehr ein Rätsel sind.

Geistig-körperliche Methode zur Erlangung von Gesundheit und innerem Gleichgewicht

Als geistig-körperliche Methode zur Erlangung von Gesundheit und innerem Gleichgewicht unterstützt die euphonische Gestik des Samadeva uns darin, äußere krankmachende Einflüsse zu begrenzen, indem sie uns anpassungsfähiger, stärker, ausgeglichener und widerstandsfähiger macht. Dann richtet ihre Wirkweise sich auf die innere Krankheitsquelle und gibt Antwort auf die Frage, wie wir die zerstörerischen Wirkungen von Angst und Sorge, Depression, Nervosität und psychosomatischen Erkrankungen beherrschen können, anstatt von ihnen beherrscht zu werden. Die Vielfalt psychosomatischer Probleme reicht von Magengeschwüren und Migräne über Asthma bis hin zu Bluthochdruck und gipfelt in so schwerwiegenden Krankheitsbildern wie Krebs.

Lernen, „Meister seiner selbst“ und seiner inneren Mechanismen zu werden

Lernen, eigene Probleme zu meistern … beziehungsweise „Meister seiner selbst“ und seiner inneren Mechanismen zu werden, statt ihr Sklave und ihnen hilflos ausgeliefert zu sein: Das sind die Zielsetzungen und die Wirkungen der euphonischen Gestik des Samadeva.

Dies bringt uns wiederum dazu, uns noch eingehender mit den zwei Einflussfaktoren zu befassen, denen wir ausgesetzt sind, also den äußeren Einflüssen (andere Menschen, die Natur, Ereignisse, ...) und den inneren Einflüssen (die Art und Weise, in der wir auf Ereignisse reagieren, unsere Gedanken, Emotionen, Gefühle und Stimmungen, unsere seelischen und geistigen Zustände, ...).

Die Reaktion auf äußere Einflüsse, die eine nachteilige Wirkung auf unsere Gesundheit haben, unterliegt im weitesten Sinne unserer Umwelt und der Gesellschaft, in der wir leben. Die Reaktion auf innere Einflüsse ist daran gebunden, dass wir ein gewisses Maß an Verständnis erwerben und nach diesem Verständnis handeln, das jedoch nicht auf intellektuelles Erkennen begrenzt ist, sondern auch körperliches und emotionales Wissen und Können umfasst.

Eine grundlegende Dimension der Erkenntnis, die das wahre Wesen der menschlichen Natur berührt

Die Techniken der euphonischen Gestik des Samadeva sind in diese Betrachtungsweise eingebettet. Weil sie aus vielen verschiedenen geistig-körperlichen Praktiken hervorgegangen ist, bezieht die euphonische Gestik des Samadeva eine ganz grundlegende Dimension der Erkenntnis ein, die sie über einfache Techniken zur Erlangung körperlicher und psychischer Gesundheit hinaus in einen ganzheitlichen Rahmen einbettet, der ähnlich wie Zen, Yoga oder Eurythmie das wahre Wesen der menschlichen Natur berührt.

Die dreigeteilte Natur des Menschen

Der Ausgangspunkt der euphonischen Gestik des Samadeva ist die dreigeteilte Natur des Menschen. Der Mensch besitzt einen physischen, materiellen Körper und ist auf der Erde aus der Evolution von Mineralien, Pflanzen und Tieren hervorgegangen. Dies bindet ihn an die materielle Welt, und er ist ihren Gesetzen unterworfen, zu denen Geburt, Wachstum, Altern und Tod gehören. Das übergeordnete Element ist das, was wir als „Bewusstsein“ bezeichnen. Zwischen beiden liegt das dritte Element, die Psyche, die Gegenstand des Studiums der Psychologie ist. Die

Religionen bezeichnen sie als „Seele“, den Ort allen menschlichen Leids, das seinen Ursprung in Gefühlen und Emotionen und im Denken hat. Die euphonische Gestik des Samadeva erweitert das Studium der Psyche um das Reich des Bewusstseins sowie um die Beziehung von Psyche und Bewusstsein zum materiellen Körper. Diese analytisch-pädagogische Trennung widerspricht weder der nicht-dreigeteilten (für gewöhnlich nicht-dualen) Wirklichkeit der Welt noch der essenziellen Wahrnehmung dieser Welt im Zustand des Einsseins.

Die Herausforderung, der sich die Menschen stellen müssen, besteht darin, ihre animalische Natur zu überwinden, die immer noch in vollem Umfang in ihnen vorhanden ist, um das Bewusstsein zu entwickeln, das bislang nur teilweise in ihnen angelegt ist. Die Psyche spielt die Rolle des Vermittlers zwischen beiden, weil sie in ihren unteren Bereichen sehr stark von der animalischen Natur und in ihren oberen Bereichen sehr stark vom Bewusstsein geprägt ist.

Die Menschheit ist weit davon entfernt, alle verfügbaren Ressourcen für ihre Entwicklung zu nutzen

Es ist eine schreckliche Tatsache, dass sich der Mensch noch immer weitgehend auf der Entwicklungsstufe des Tieres zu befinden scheint und dass die Menschheit insgesamt weit davon entfernt ist, alle verfügbaren Ressourcen für ihre Entwicklung zu nutzen. Für bestimmte Menschen, die ganz allmählich ein höheres Maß an Wissen und Verständnis erlangen und dann eine bestimmte „Aufgabe“ übernehmen, ist es dennoch möglich, sich in Richtung höherer und harmonischer Bewusstseins- und Seinszustände zu entwickeln.

Was die mögliche Entwicklung des Menschen betrifft, so ist es von allergrößter Bedeutung, dass wir verstehen, dass ein Teil des menschlichen Wesens animalischer Natur ist und dass diese animalische Natur für einen großen Teil seines Denkens,

Fühlens und Handelns verantwortlich ist. Dies ist die erste Begrenzung. Die zweite Begrenzung ist die Konditionierung durch Familie, Erziehung, Gesellschaft und Religion. Diese Erkenntnis ermöglicht einen unverfälschten Blick auf die Situation des Menschen in der Welt, die alles andere als frei ist. Dennoch ist Freiheit möglich, wenn er, nachdem er seine Begrenzungen und Konditionierungen erkannt hat, an seiner Transformation zu arbeiten beginnt.

Freiheit wird möglich, wenn der Mensch, nachdem er seine Begrenzungen und Konditionierungen erkannt hat, an seiner Transformation zu arbeiten beginnt

Diese Arbeit der Transformation kann zum Beispiel die euphonische Gestik des Samadeva zum Ausgangspunkt haben, also den Erwerb dessen, was die Menschen bereits zu besitzen glauben, während es in Wirklichkeit nur durch körperliche, emotionale und intellektuelle „Arbeit" erworben werden kann. Freiheit ist keine Wesenseigenschaft des Menschen, aber sie ist etwas, das er erlangen kann.

Freiheit ist keine Wesenseigenschaft des Menschen, aber sie ist etwas, das er erlangen kann

Warum ist der Mensch aber in stärkerem Maße seiner animalischen als seiner wahrhaft menschlichen Natur unterworfen? Und warum wird er so stark durch seine Konditionierung beeinflusst?

Man bezeichnet den Menschen bisweilen auch als „Wesen mit drei Gehirnen". Das erste dieser drei Gehirne steuert seinen physischen Körper und seine Instinkte. Es neigt zur Aggression und ist mit einem übermäßig ausgeprägten Gefühl für Besitz (Geiz, Territorialdenken) verbunden. Dies ist das älteste Gehirn, das so genannte „Reptilienhirn". Es ist das Gehirn von Vögeln, Schlangen, Krokodilen und Schildkröten.

Das „Reptilienhirn" steuert den physischen Körper und die Instinkte

Das zweite, so genannte „limbische Gehirn" steuert das emotionale Leben mit seinen Stimmungen, Wünschen und Gefühlen und mit seinem Streben nach Vergnügen. Es ist weiter entwickelt als das erste Gehirn und hat sich aus dem Ursprung unseres Ge-

Das „limbische Gehirn" steuert das emotionale Leben

ruchssinns später zum emotionalen Zentrum entwickelt. Dennoch bleibt es ein alter, animalischer Bereich des menschlichen Gehirns.

Das dritte Gehirn, der „Neokortex", ist das intellektuelle Zentrum. Aus Sicht der Evolution ist er ein neueres Gehirn, und er ist das Gehirn, das es dem Menschen erlaubt, sich über die animalische Natur zu erheben, indem er die Fähigkeit des Denkens entwickelt, die kennzeichnend für die Menschen ist. Kultur, technologischer Fortschritt und Kunst haben ihren Ursprung in diesem Gehirn.

Der „Neokortex" ist das Gehirn des intellektuellen Zentrums

Da immer noch zwei Drittel des menschlichen Gehirns animalisch geprägt sind und der jüngste Bereich bislang kaum entwickelt ist, kann es nicht verwundern, dass die Menschen und die Menschheit insgesamt auch heute noch von animalischen Denk- und Verhaltensweisen beherrscht sind. Einige dieser Denk- und Verhaltensweisen sind stärker instinktgebunden, wie Aggressivität, Sexualtrieb, Konkurrenzdenken oder die Instinkte von Besitz, Gier und Egoismus, während andere Denk- und Verhaltensweisen stärker an das Gefühlsleben gebunden sind, wie Angst, Eifersucht, Stolz, Arroganz, Eitelkeit oder der Wunsch, andere Menschen zu beherrschen. Es ist eine Tatsache, dass die Ursachen für das Unglück des Einzelnen und die kollektiven Tragödien der Menschheit von leidenschaftlichen Dramen (Eifersucht, Sex) bis zu wirtschaftlichen oder ethnischen Kriegen (Besitz, Gier) in der Hartnäckigkeit der Denk- und Verhaltensweisen zu suchen sind, deren Ursprünge in der Tierwelt liegen.

Die Ursachen für individuelles und kollektives Leid sind in der Hartnäckigkeit der Einstellungen zu finden, deren Ursprung in der Tierwelt liegt

Die Frage ist also, wie wir die negativen Auswirkungen vermeiden können, die mit dieser so realen Gegenwart unserer animalischen Instinkte einhergehen. Welchen Platz sollte die animalische Natur des Menschen im Menschen einnehmen? Wie können wir sie in den Dienst der Evolution dessen stellen, was höher ist, wenn wir wissen, dass unser intellektuelles Zentrum, das Zentrum des Denkens, allein nicht genügt? Bis heute hat es jedenfalls nicht genügt.

Das menschliche Verhalten mit seinen Paradoxen und Widersprüchen verstehen

Ehe wir nach Antworten auf diese Fragen suchen, wollen wir zuerst jedoch die anderen Formen der Konditionierung ergründen, denen der in der Gesellschaft lebende Mensch unterworfen ist. Konditionierung ist ein ebenso sehr eingrenzender Faktor wie die oben erläuterten animalischen Instinkte. Wenn wir uns dessen bewusst sind, können wir das menschliche Verhalten und seine Paradoxe und Widersprüche verstehen, wie etwa den Gegensatz zwischen reellen Möglichkeiten und Wünschen, Realismus und Ansprüchen, Gedanken und Emotionen, guten Absichten und Resultaten, Vorurteilen und Wirklichkeit.

Drei Formen der Konditionierung

Es gibt drei Formen der Konditionierung, die unmittelbar mit den drei Gehirnen verbunden sind: die Konditionierung der Reflexe mit dem physischen Gehirn, die Konditionierung von Schmerz/Vergnügen mit dem emotionalen Gehirn und die Konditionierung der Nachahmung mit dem intellektuellen Gehirn. Wir können ebenso wenig leugnen, dass wir einen Teil unserer Konditionierung offenbar brauchen, um in der Gesellschaft leben und mitunter gar überleben zu können, wie wir unsere animalische Realität einfach in den Wind schlagen können.

Konditionierung der Reflexe

Die Konditionierung der Reflexe des physischen Körpers besteht in der Assoziation eines natürlichen Bedürfnisses mit künstlichen äußeren Reizen, die in keiner direkten Verbindung zu diesem Bedürfnis stehen. So ist Hunger beispielsweise ein natürliches Bedürfnis, und der Klang einer Glocke, die uns zum Essen ruft, ist ein äußerer Reiz. Dieser Klang erzeugt ein Hungergefühl und regt den Speichelfluss an, wie Pawlow es in seinen Hundeversuchen perfekt beschrieben hat.

Die Konditionierung von Schmerz/Vergnügen ist eher an die Suche nach etwas als an einen provozierten Reflex gebunden: an die Suche nach Belohnung, die mit Vergnügen gleichzusetzen ist, oder an das Bestreben, Strafe oder Schmerz zu vermeiden.

Konditionierung von Schmerz/Vergnügen

Die Konditionierung der Nachahmung ist an die Notwendigkeit der Eingliederung in die Gesellschaft und an das Bedürfnis nach Identifikation gebunden. Ein wesentlicher Teil der Erziehung beruht auf diesem Prozess, der sich von persönlicher Hygiene über die Bandbreite gesellschaftlicher Meinungen zu körperlichen, emotionalen oder intellektuellen Dingen bis hin zu ausgeklügelten Bräuchen oder Lebensgewohnheiten erstreckt. Die in diesem Zusammenhang subtilste und schädlichste Konditionierung rührt von der Tatsache her, dass der Mensch gezwungen wird, bestimmte Dinge zu glauben. Ein typisches Beispiel dafür ist, dass man dazu erzogen wird, stolz darauf zu sein, dass man einer bestimmten Nationalität – Frankreich, Amerika, Russland usw. – angehört, und so zum nationalen Chauvinismus konditioniert wird. Sehr viele Einstellungen, Meinungen, Überzeugungen und Gedanken werden uns mit unserer Erziehung einfach eingeimpft. Wir werden buchstäblich indoktriniert, und die Begrenzungen, die mit unserer Konditionierung einhergehen, sind ebenso mächtig wie die Begrenzungen, die von unseren natürlichen Instinkten herrühren.

Konditionierung der Nachahmung

Das Ziel der euphonischen Gestik des Samadeva ist es, uns aus verschiedenen Blickwinkeln sowohl die Gefängnisse unserer animalischen Instinkte als auch die unzähligen Gefängnisse unserer Konditionierungen bewusstzumachen.

Uns unserer vielen Gefängnisse bewusst werden

Das Nichtwissen um diese Mechanismen ist nicht nur die wichtigste Ursache für die innere Entfremdung und für die Beziehungsprobleme des Menschen, sondern auch, wie wir noch sehen werden, für die Hindernisse, die seiner Gesundheit und seiner persönlichen Weiterentwicklung im Weg stehen.

Wie kann es uns gelingen, den Prozess der Anpassung aufrechtzuerhalten und zu verbessern, gleichzeitig aber die Auswirkungen dieser Verschlechterung zu verringern oder zu beseitigen?

Es ist paradox, dass diese Mechanismen nicht nur eine Anpassung an das Leben darstellen, sondern auch eine zunehmende Verschlechterung der Lebensqualität mit sich bringen. Deshalb stellt sich also die Frage, wie es uns gelingen kann, den Prozess der Anpassung aufrechtzuerhalten und zu verbessern, gleichzeitig aber die Auswirkungen dieser Verschlechterung zu verringern oder zu beseitigen.

Die Wirkungen der euphonischen Gestik des Samadeva

An diesem Punkt setzt die euphonische Gestik des Samadeva an. Wie wir wissen, ziehen Stress und negative, konfliktbeladene Emotionen das sympathische und das parasympathische Nervensystem des Körpers in Mitleidenschaft. Dies kann wiederum zu Folgereaktionen im endokrinen System, Verdauungssystem, Herz-Kreislauf-System oder Atmungssystem führen und geht mit einer veränderten Ausschüttung von Endorphinen und Cortisol einher. All das findet unter dem Einfluss von Neurotransmittern und synaptischen Transmittern statt. Eine offensichtliche Folge all dieser Dinge ist die verminderte Fähigkeit, unsere körperlichen und psychischen Mechanismen ins Gleichgewicht zu bringen. Die Praxis der euphonischen Gestik des Samadeva wirkt auf unsere Muskulatur und verleiht ihr sowohl eine gesunde Spannung als auch Beweglichkeit. Alle Muskeln und Sehnen gewinnen ihre Leistungsfähigkeit zurück und erlangen ein höheres Maß an Widerstandskraft und Ausdauer, was auch ihre Koordination verbessert. So werden nicht nur chronische Schmerzen, sondern auch psychosomatische Probleme gelindert.

Die hier vorgestellten Übungen geben dem Praktizierenden darüber hinaus die Möglichkeit, vergessene körperliche Empfindungen wie innere Stille und inneren Frieden wieder neu zu erfahren, was zu einer positiven Neuprogrammierung seiner Empfindungssphäre beiträgt. Das Zwischenhirn wird beruhigt, statt vom Stress des Alltags mitgerissen zu werden. Er fühlt sich gelöst, und an die Stelle von Sorge und Nervosität treten Gelassenheit und Entspannung. Dank dieser positiven Empfindungen gewinnt er seine positive Sicht auf das Leben zurück. Er lernt, sich besser zu beherrschen und sein Umfeld besser zu akzeptieren, das nicht länger als stressig oder aggressiv empfunden wird. Dies bringt ihm nicht nur neue Lebensfreude, sondern auch mehr Selbstvertrauen. Ein höheres Maß an Verständnis für sich selbst und für andere Menschen ermöglicht es ihm, sich auf positivere Weise ins Leben zu integrieren, was wiederum positive Auswirkungen auf seine Gesundheit hat.

Vergessene körperliche Empfindungen wie innere Stille und inneren Frieden erfahren

DIE EUPHONISCHE GESTIK DES SAMADEVA

HARMONISIERUNG DER CHAKRAS

Idris Lahore

Wir Menschen besitzen nicht nur einen physischen Organismus mit seinen verschiedenen Zellen, Organen und Systemen, sondern auch eine aus Energiezentren und Energiebahnen bestehende energetische Struktur, deren einwandfreie Funktion für unsere Gesundheit, unser Wohlbefinden, unsere körperliche, emotionale, intellektuelle und geistige Entwicklung und unser Gleichgewicht ebenso wichtig ist wie die einwandfreie Funktion der physischen Zellen, Organe und Systeme.

Energiezentren

Unser energetischer Organismus besteht aus einer großen Zahl von Energiezentren. Die wichtigsten dieser Energiezentren sind die Chakras, wie sie von den im Hinduismus beheimateten Yogis beschrieben werden. Chakra heißt „Rad" oder „Kreis in Bewegung". Am bekanntesten sind die sieben Hauptchakras, die auf der nächsten Ebene in je sieben Unterchakras gegliedert sind. Einige Traditionen, wie etwa die der Derwische, benennen noch dreihundert weitere Chakras. Die wichtigsten dieser Chakras liegen im Bereich der Brust links und rechts des Herzchakras und im Bereich des Unterleibs links und rechts des Sexualchakras. Je zwei weitere wichtige Chakras befinden sich in den Innenflächen der Hände und auf den Sohlen der Füße.

Die sieben Hauptchakras stellen die Energiezentren dar, denen die Lebenskräfte des Organismus innewohnen. Sie liegen alle in der Nähe des Zentralnervensystems und sind das Gedächtnis, der Energiespeicher und das Gehirn aller Energien, die dem menschlichen Organismus das Leben ermöglichen. Jedes dieser sieben Chakras speichert, reguliert und verteilt bestimmte Energien. Als Gesamtsystem regulieren die Chakras nicht nur den physischen Körper, sondern auch unseren „Emotionalkörper", unseren „Gedankenkörper" und, darüber hinausgehend, unseren „Spiritualkörper" und unseren „Systemkörper" (unsere Beziehungen, gleich welcher Art, zu lebenden oder verstorbenen Menschen, Gegenständen, Tieren, Pflanzen, Orten oder Ereignissen). Die Chakras wandeln feinstoffliche Energien in Nervenimpulse und in Zellenergie oder hormonelle Energie für den Körper um.

Sieben Energiezentren, denen die Lebenskräfte des Organismus innewohnen

Jedes der sieben Chakras speichert, reguliert und verteilt bestimmte Energien

Die Chakras wandeln feinstoffliche Energien in Nervenimpulse und in Zellenergie oder hormonelle Energie für den Körper um

Von den Chakras ausgehend werden diese Energien über mehr als dreihunderttausend Energiebahnen verteilt, die man als *Nadis* bezeichnet. Jedes einzelne Chakra entspricht nicht nur der menschlichen Natur ganz allgemein, sondern auch der einzigartigen Persönlichkeit jedes einzelnen Menschen.

Energiebahnen oder Meridiane

Wenn Fühlen, Denken, Sprechen und Handeln eines Menschen in Einklang mit seiner menschlichen Natur stehen, dann funktionieren seine Chakras harmonisch und versorgen seinen Organismus mit einer Energie, die diese harmonische Qualität ebenfalls besitzt. Wenn Gedanken, Gefühle, Worte oder Einstellungen eines Menschen hingegen im Widerspruch zur menschlichen Natur stehen, also konfliktgeladen sind, dann neigt die mit den Chakras verbundene Energie dazu, sich außerhalb seines Organismus zu zerstreuen, sodass es nicht nur seinen Gedanken und Gefühlen, sondern auch seinem Handeln an Energie mangelt, was wiederum dazu führt, dass der Fluss der Energien in den Energiebahnen der Nadis gestört oder sogar unterbrochen wird. Dies ruft bestimmte Störungen und Probleme auf der körperlichen, emotionalen, mentalen oder geistigen Ebene, aber auch in den Beziehungen des Menschen hervor.

Gleichgewicht und Störung der Chakras

Direkte Beziehung zum höheren Bewusstsein, zur inneren Weisheit, zum Wesen

Die Chakras stehen auch in einer direkten Beziehung zum höheren Bewusstsein, zur inneren Weisheit oder zum unterbewussten Wesen eines Menschen. Ihre ungestörte Funktion ist wesentlich, wenn es darum geht, dass der Mensch in Berührung mit seiner inneren Weisheit gelangen und der gesamte Organismus – Körper, Seele und Geist – auf euphonische – also harmonische – Weise funktionieren kann.

Obwohl sie vorrangig mit den endokrinen Drüsen verbunden sind und somit über das Nervensystem und den Blutkreislauf unser Wachstum und die meisten unserer physiologischen Funktionen direkt beeinflussen, haben die Chakras auch spezifische Auswirkungen auf unsere Emotionen, unsere Gefühle und unser Denken. Diese Einflüsse sind wechselseitiger Natur.

ERSTES CHAKRA
Muladhara
Wurzelchakra

Muladhara, das erste Chakra oder „Wurzelchakra", verbindet uns mit unseren Wurzeln: unserer Familie, unseren Vorfahren, unserem Land, unserer Rasse, unserer Kultur, unserer Erziehung, dem gesellschaftlichen Umfeld, unserer Religion. Dies ist das Chakra der Zugehörigkeit und des Instinkts, der das Überleben sichert. Es ist das Maß unserer Identifikation mit und unserer Dankbarkeit gegenüber den Menschen, denen wir nicht nur alles verdanken, was wir sind, sondern sehr oft auch alles, was wir besitzen.

Das Wurzelchakra befindet sich im Bereich der Geschlechtsorgane am unteren Ende der Wirbelsäule und ist mit den Nieren und Nebennieren verbunden. Es steht vor allem in Beziehung zur Emotion der Angst. In den ersten sieben Lebensjahren ist seine Aktivität besonders wichtig, denn in dieser Zeit ist der Mensch vornehmlich an den Dingen interessiert, die mit seinem Wachstum zu tun haben. Um überleben zu können, muss ein Kind ernährt und versorgt werden, denn in diesem Abschnitt seines Lebens ist es noch nicht fähig, selbst für seine Bedürfnisse aufzukommen. Das erste Chakra wirkt auf das Skelett, die Ausscheidungsorgane, das Lymphsystem, die äußeren Sexualorgane sowie auf Hoden und Eierstöcke, die Hormone (Östrogene und Testosteron) produzieren. Es lenkt die Energien der Arme und Beine. Es wirkt zudem auf den Geruchssinn und ist mit dem Element Erde verbunden. Dieses erste Chakra wird auch als „Bewegungszentrum" bezeichnet und steuert alle nach außen gerichteten Bewegungen, die dem Menschen nicht angeboren sind, sondern durch Lernen erworben werden müssen.

Das erste Chakra ist mit dem Element Erde verbunden

Das erste Chakra funktioniert harmonisch, wenn wir unsere Liebe zur Natur kultivieren, ihre Schönheit würdigen und sie durch ein Verhalten schützen, das von Achtung gegenüber Tieren und Pflanzen, Erde, Wasser und Luft geprägt ist. Seine Funktion wird verstärkt, wenn wir saubere Luft atmen und uns von biologisch oder biodynamisch erzeugten Lebensmitteln ernähren können.

Gleichgewicht und Harmonie des ersten Chakras

Es befindet sich im Gleichgewicht, wenn wir mit einem Gefühl der Dankbarkeit all das anerkennen, was uns von unseren Eltern und unseren Vorfahren, unseren Lehrern und all unseren Mitmenschen gegeben wurde, ohne die Dinge einzufordern oder zu bedauern, die sie uns vielleicht nicht gegeben haben.

Energie unserer Familie und unserer Vorfahren

Das erste Chakra wird gestärkt, wenn wir diese Dankbarkeit durch eine Einstellung der Achtung, des Wohlwollens und der Bereitschaft zum Dienen gegenüber den Menschen zum Ausdruck bringen, die den Gruppen und Gemeinschaften angehören, denen auch wir angehören oder angehört haben.

Das erste Chakra wird geschwächt, wenn wir keine Liebe zur Natur entwickeln, wenn wir ihre Schönheit nicht anerkennen und wenn wir Luft, Wasser, Erde, Pflanzen und Tieren keine Achtung entgegenbringen und sie vergiften. Seine Funktion wird auch

Störung und Schwächung des ersten Chakras

geschwächt, wenn wir verschmutzte Luft atmen und wenn wir uns von denaturierten, chemisch hergestellten Lebensmitteln ernähren.

Es ist gestört, wenn wir leugnen, was uns von unseren Eltern und Vorfahren, unseren Lehrern und Mitmenschen gegeben wurde, und wenn wir Dinge einfordern, die sie uns nicht gegeben haben, weil wir glauben, ein Anrecht darauf zu haben. Dieses Chakra gerät aus dem Gleichgewicht, wenn wir anderen Menschen mit Nichtachtung begegnen, und besonders dann, wenn unser Verhalten egozentrisch ist und wir darin versagen, ein Band der Liebe, der Zuneigung, der Freundschaft und der Achtung zu den lebenden oder verstorbenen Mitgliedern der Gemeinschaften zu pflegen, denen wir angehören oder angehört haben.

Materielle Dinge und Überleben

Das erste Chakra ist vor allen Dingen das Chakra des Überlebens. Beim erwachsenen Menschen befindet es sich im Gleichgewicht, wenn er mit der Erde und der Natur verwurzelt ist. Das erste Chakra gibt uns das Gefühl, in einer guten Beziehung zu unserer Umwelt und insbesondere zur materiellen Welt zu stehen. Ist es gestört, dann fehlt es uns an Zuversicht, und wir werden übermäßig habgierig und bisweilen auch gewalttätig. Wir können darüber hinaus den Eindruck haben, in unserer eigenen Umgebung ein Fremder zu sein. Wir haben Probleme mit Geld oder mit materiellem Besitz, und es gelingt uns nicht, unseren eigenen Rhythmus im Leben zu finden.

Alles, was wir bislang über das erste Chakra gesagt haben, bedeutet keineswegs, dass wir untrennbar an all das gekettet sind, was uns von den verschiedenen Gruppen, denen wir angehört haben, gegeben wurde. Wir sind durch das Band des Lebens mit ihnen verbunden, und vorausgesetzt, dass wir die Achtung vor diesen Banden bewahren, steht es uns frei, uns in anderen gesellschaftlichen Gruppen weiterzuentwickeln oder über unsere Herkunftsfamilie hinaus eine andere Familie zu gründen.

Die Tatsache, dass wir als Menschen ein Teil der Menschheit sind, heißt auch, dass wir nicht glauben dürfen, unsere Familie, unsere Rasse, unsere Religion, unsere politische Partei, unsere gesellschaftliche Schicht und alle Meinungen und Überzeugungen, die damit einhergehen, seien den Menschen, die anderen Gruppen angehören, überlegen. Sie vertreten ganz einfach andere Meinungen und Überzeugungen. Ebenso müssen wir, wenn die Meinungen, Überzeugungen oder Einstellungen einer Gruppe, der wir angehören, gegen einen umfassenden Humanismus oder Humanitarismus gerichtet sind, uns dennoch in diesen Humanismus oder Humanitarismus integrieren können, weil unser erstes Chakra sonst ebenfalls geschwächt wird.

ZWEITES CHAKRA
Svadhisthana
Sexualchakra

Svadhisthana ist das zweite Chakra, das auch als „Sexualchakra" bezeichnet wird. Während das erste Chakra uns zu einer Gesamtheit von Menschen und Gruppen und zu übermenschlichen Kräften wie den Kräften der Natur in Beziehung setzt, ist das zweite Chakra zuständig für unsere zwischenmenschlichen Beziehungen: unsere sexuellen Beziehungen und Liebesbeziehungen, freundschaftlichen und beruflichen Bindungen. Dieses Chakra verstärkt sich zwischen dem siebten und vierzehnten Lebensjahr. In dieser Zeit entwickeln sich unsere sinnliche und sexuelle Wahrnehmung sowie unsere Kreativität und Vorstellungskraft.

Sinnlichkeit
Sexualität
Kreativität

Das zweite Chakra ist besonders mit den Eierstöcken der Frau und mit den Hoden und der Prostata des Mannes verbunden. Sein Element ist das Wasser, und es steht in einer direkten Beziehung zu allen Flüssigkeiten des Körpers (Blut, Urin, Lymphe, usw.). Es wirkt auf die Nebennieren (in denen Kortison und Adrenalin produziert werden) und außerdem auf den Geschmackssinn.

Das zweite Chakra steht in Beziehung zum Element Wasser

Im Organismus spielt dieses Chakra die Rolle des Energiespeichers, von dem ausgehend die Energien an alle anderen Chakras verteilt werden. Es ist der Speicher aller vitalen Energien.

Gleichgewicht und Harmonie des zweiten Chakras

Das zweite Chakra ist im Gleichgewicht, wenn unsere Beziehungen von Liebe, Freundschaft, Achtung, Wohlwollen und Toleranz geprägt sind. Unsere zwischenmenschlichen Konflikte stören seine Funktion. Dies gilt insbesondere für alle Formen der Konkurrenz und für den Wunsch, andere Menschen zu beherrschen oder zu kontrollieren. Konkurrenz, Eifersucht, Auflehnung, Feindseligkeit und persönlicher Groll schwächen das zweite Chakra ebenso wie jede Form von sexueller Störung und von sexuellem Missbrauch. Das Gleichgewicht dieses Chakras bestimmt überdies unsere Beziehung zu Geld und zu jeder Art von Besitz. Unsere Abhängigkeiten – ganz gleich, ob von Zuneigung, Sex, Essen oder einer anderen Sache – rufen eine Störung des zweiten Chakras hervor.

Störung und Schwächung des zweiten Chakras

Ein Mensch, der fest im zweiten Chakra verankert ist, besitzt ein gutes Körperbewusstsein und fühlt sich in seinem eigenen Körper wohl. Er akzeptiert und achtet sich selbst. Er besitzt die Fähigkeit, ein kreatives Leben zu führen, und kann eine reife Beziehung zu den Menschen seiner Umgebung eingehen. Er entwickelt eine gesunde Sexualität, die sich durch Vergnügen und Freude manifestiert. Die falsche Erziehung, die Kinder in Bezug auf Sexualität erhalten, führt zu einer Störung dieses Chakras und ruft im späteren Leben oft eine Vielzahl anderer Störungen hervor: Dem betreffenden Menschen fällt es sehr schwer, mit seinem eigenen Körper in Berührung zu kommen und die Freuden des Lebens auf gesunde Weise zu genießen. Menschen, die in diesem Chakra große Probleme haben, fällt es sehr schwer, ihre wahre Kreativität zum Ausdruck zu bringen. Sie lehnen ihren Körper und damit sich selbst ab, und das ist sehr oft die Ursache

Beziehungsenergie

von Autoimmunkrankheiten. Die Verdrängung von Sinnlichkeit oder Sexualität führt zu einer Verdrängung der Lebenskraft.

DRITTES CHAKRA
Manipura
Nabelchakra

Manipura ist das dritte Chakra, das oft auch Nabelchakra genannt wird. Es entwickelt sich besonders stark im Alter zwischen vierzehn und einundzwanzig Jahren. In dieser Zeit treten der Wunsch nach Beherrschung und das Streben nach Macht in Erscheinung: Man will die eigenen Träume verwirklichen. Das dritte Chakra ist das Chakra der Beziehung, die wir zu uns selbst haben: Es ist das Chakra der Liebe, der Wertschätzung und der Achtung, die wir uns selbst entgegenbringen.

Persönliche Kraft und Transformation

Das dritte Chakra ist das Chakra des Selbstvertrauens und der Ort, an dem unsere innere Kraft wohnt. Von ihm ausgehend übernehmen wir unsere Verantwortung und erfüllen unsere Verpflichtungen. Dieses Chakra ist die Quelle unserer Intuition, und mit seiner Hilfe können wir unsere eigenen Grenzen erkennen und bestimmen.

Gleichgewicht und Harmonie des dritten Chakras

Ein Mensch, dessen drittes Chakra im Gleichgewicht ist, besitzt ein natürliches Gefühl der Wertschätzung für sich selbst und die Fähigkeit, ein Leben in Gelassenheit zu leben und es auf vollkommen natürliche Weise zu genießen.

Ein gut entwickeltes drittes Chakra gibt uns die Möglichkeit, unsere Träume zu verwirklichen. Ist es gestört, bleiben unsere Träume entweder nur Träume oder werden in Alpträume verwandelt.

Das dritte Chakra wirkt auf den Gesichtssinn. Darüber hinaus hat es Einfluss auf die Verdauung im Magen, die Transformation und Reinigung des Blutes in der Milz, die Ausscheidung von Verdauungssäften und die Produktion von Insulin in der Bauchspeicheldrüse, auf die Produktion von Gallenflüssigkeit und die Umwandlung von Kohlehydraten in Glykogen oder Energie in der

Leber sowie auf die Speicherung von Gallenflüssigkeit in der Gallenblase. Es hat jedoch nicht nur mit Verdauung und Aufnahme auf der körperlichen Ebene zu tun, sondern auch mit der Aufnahme und der Verdauung unserer Emotionen, unserer Gedanken und aller Ereignisse unseres Lebens.

Störung und Schwächung des dritten Chakras

Wenn dieses Chakra gestört ist, neigen wir entweder dazu, zu viele Dinge zu schlucken, die wir nicht verdauen können, oder wir sind unfähig, überhaupt etwas aufzunehmen. Dies gilt für Lebensmittel ebenso wie für äußere Eindrücke und Emotionen.

Die Energie des dritten Chakras wird geschwächt, wenn wir unsere eigenen Grenzen nicht erkennen, wenn wir zulassen, dass andere Menschen uns respektlos behandeln, oder wenn wir versuchen, andere Menschen für unsere eigenen Ziele zu benutzen, indem wir ihre Aufmerksamkeit auf uns ziehen, ihre Anerkennung erheischen oder sie zu unserem eigenen Vorteil manipulieren wollen.

Eine Störung in der Energie dieses Chakras hindert uns daran, uns selbst zum Ausdruck zu bringen, weil wir entweder „mit den Füßen nicht auf dem Boden stehen" oder in zu starkem Maße unseren Denkschemata und allem in uns, was alt ist, verhaftet sind, darin gefangen und unfähig, uns für das neue Leben jedes Augenblicks zu öffnen. Wenn dieses Chakra nicht im Gleichgewicht ist, dann bewirkt es, dass wir uns selbst, unseren Überzeugungen, unseren Gedanken, unseren Versprechen, unserer Ehre und unserem Wort nicht treu sind.

Störungen in diesem Chakra lassen zudem einen Hang zu Sorgen, Wut oder Klagen entstehen und führen dazu, dass wir uns mit Menschen umgeben, die ständig klagen oder in Sorge sind. Zu den Krankheiten, die mit einer Störung dieses Chakras einhergehen, gehören Magengeschwüre, Probleme mit der Aufnahme von Zucker sowie fast alle Probleme, die mit der Verdauung zu tun haben.

Wenn es gestört ist, kann das dritte Chakra auch zu Egozentrismus und Eitelkeit führen. Eitelkeit ist eine Strategie, die unsere tiefsitzenden Zweifel über unseren eigenen Wert verbergen soll, und deshalb ein Gefühl der Minderwertigkeit. Bei manchen Menschen kann eine Störung dieses Chakras auch zu großer Introvertiertheit führen, weil sie nicht fähig sind, sich nach außen korrekt auszudrücken.

Das Element dieses Chakras ist das Feuer, von dem wir wissen, dass ein Übermaß zu Gewalttätigkeit und ein Mangel zu Depression führt: Man ist im wahrsten Sinne des Wortes „ausgebrannt".

Das dritte Chakra steht in Beziehung zum Element Feuer

Anahata, das vierte Chakra, ist das Herzchakra. Es ist das Chakra der Liebe – insbesondere zu anderen Menschen –, des Mitgefühls und der Vergebung. Es ist nicht nur für das Gleichgewicht des ganzen Organismus, sondern auch für das Gleichgewicht der einzelnen Chakras untereinander verantwortlich. Es ist der Ort, an dem wir die Selbstliebe und die Liebe zu anderen Menschen in Einklang bringen müssen, und es ist auch der Ort, an dem es möglich ist, über alle negativen Emotionen und insbesondere über Groll und Feindseligkeit hinauszugelangen. Sie weichen bedingungsloser Vergebung, sodass es uns gelingen kann, alles Leid der Vergangenheit zu überwinden und Achtung vor der Bestimmung jedes einzelnen Menschen zu empfinden.

VIERTES CHAKRA
Anahata
Herzchakra

Harmonie und Liebe

Das vierte Chakra ist mit dem Herzen, der Lunge und dem Thymus verbunden und reguliert einen beträchtlichen Teil des Immunsystems. Sein Element ist die Luft. Es wirkt auf den Tastsinn.

Das vierte Chakra steht in Beziehung zum Element Luft

Im vierten Chakra verankert sich die Vitalenergie über die Atmung. Es ist das Chakra, das sowohl Freude als auch Traurigkeit in sich vereint: Freude, wenn es sich im Gleichgewicht befindet, und Traurigkeit, wenn es gestört ist. Lachen und Lächeln haben eine äußerst machtvolle Wirkung auf dieses Chakra, und da sie auch den Thymus stimulieren, beeinflussen sie auch unser Immunsystem. Bei Krankheiten des Immunsystems besteht eine der wichtigsten Behandlungen darin, dass wir lernen, zu lachen und vor allem zu lächeln. Wir brauchen uns nur das glückselige Lächeln eines verliebten Paares vorzustellen, um zu wissen, dass ihr ganzer Organismus – auf körperlicher, emotionaler und sogar mentaler Ebene – angeregt ist. Es ist das Lächeln von Menschen, die meditieren, und es ist das Lächeln des Buddha.

Gleichgewicht und Störung des vierten Chakras

Emotionale Energie

Das Herzchakra ist die Verbindung zwischen den drei unteren Chakras und den drei höheren Chakras

FÜNFTES CHAKRA
Vishuddha
Kehlkopfchakra

Vishuddha, das fünfte Chakra, ist das Kehlkopfchakra. Es ist vor allem das Chakra des Ausdrucks, der Entscheidung, der Willenskraft und der Wahl. Es reguliert die Energie der Arme und der Hände. Es wirkt auf Wachstum und Stoffwechsel und auf die Verlängerung des Rückenmarks, die so genannte *Medulla oblongata*.

Energie der Willenskraft

Das Element des fünften Chakras ist der Äther

Das Element dieses Chakras ist der Raum oder der Äther, und es ist mit dem Hörsinn verbunden.

Ausdruck und Kommunikation

Das fünfte Chakra ist im Gleichgewicht, wenn wir unsere Wahlen, Entscheidungen und Worte ehrlich und aufrichtig zum Ausdruck bringen. Es ist auch das Chakra der Selbstbeherrschung.

Störung und Schwächung des fünften Chakras

Eine Störung dieses Chakras führt zu einer gestörten Funktion aller Drüsen. Dazu gehört auch die Über- oder Unterfunktion der Schilddrüse, die einerseits einen verlangsamten Stoffwechsel mit Gewichtsproblemen und andererseits Ruhelosigkeit und Hyperaktivität hervorrufen kann. Das fünfte Chakra ist gestört, wenn wir zulassen, dass andere Menschen unsere Bedürfnisse und Wünsche kontrollieren. Es wird durch Lügen geschwächt und durch Ehrlichkeit und Aufrichtigkeit gestärkt. Die einzige Form der Unterwerfung, die dieses Chakra ins Gleichgewicht bringen kann, ist die Hingabe an höhere Kräfte: die Kräfte der Seele, des Geistes, des höchsten Ursprungs, des Absoluten oder des Göttlichen. Dann kann es in Synergie und Harmonie mit unserem Verstehen, unserer Willenskraft oder höheren Prinzipien funktionieren.

Eine Störung des fünften Chakras führt auch zu Problemen, wenn es darum geht, uns mit Worten auszudrücken und mit anderen Menschen zu kommunizieren. Außerdem haben wir Schwierigkeiten, wenn es darum geht, unsere tiefsten Gedanken und aufrichtigsten Gefühle zum Ausdruck zu bringen.

Gleichgewicht und Harmonie des fünften Chakras

Wenn das fünfte Chakra im Gleichgewicht ist, dann laufen wir nicht Gefahr, Illusionen und Schubladendenken zu unterliegen, und wir bringen uns auf eine authentische Weise zum Ausdruck, die frei von Dogmen und starren Denkschemata ist.

„Latifa Lalana"

Die Tradition lehrt, dass es in diesem Bereich ein weiteres Chakra gibt, das als „*Latifa Lalana*" bezeichnet wird und eine süße Flüssigkeit absondert: das Elixier der Unsterblichkeit, den göttlichen Nektar *amrita*, der es einigen Derwischen und Yogis zufolge dem Menschen ermöglichen würde, ohne Essen oder Trinken zu überleben.

SECHSTES CHAKRA
Ajna
Chakra des dritten Auges

Energie des Denkens und der Inspiration

Ajna, das sechste Chakra oder das dritte Auge, liegt in der Mitte der Stirn. Es ist das Chakra der Urteilsfähigkeit, der rationalen und logischen Intelligenz, aber auch der Inspiration. In diesem Chakra kann die Kraft des Herzens sich mit der Intelligenz des Geistes verbinden. Das sechste Chakra ist das Zentrum einer höheren Form der Kreativität, das in einer sehr engen Beziehung zu unserer Seele und unserem wahren Wesen – und damit zum Universum – steht.

Das sechste Chakra ist direkt mit der Hypophyse, der so genannten Hirnanhangsdrüse, verbunden. Diese Drüse steuert nicht nur alle anderen Drüsen, sondern auch alle anderen Funktionen des Körpers. Sie steuert die Rhythmen des Körpers, vor allem den Schlaf-Wach-Rhythmus, aber auch die Anpassung an jahreszeitliche Veränderungen. Sie ist mit dem Sehnerv und dem Riechkolben verbunden.

Störung und Schwächung des sechsten Chakras

Wenn dieses Chakra gestört ist, weil wir zu stark in dualistischen, rationalen und logischen Bahnen denken, dann blockiert es die Impulse, die vom Herzen kommen. Diese Art des Denkens ist daher von Dogmen, Unbeweglichkeit, Kritik und Werturteilen geprägt, und sie ist häufig nicht offen für neue Ideen.

Wenn wir in zu hohem Maße den materiellen Aspekten des Lebens verhaftet sind, dann befindet dieses Chakra sich im Ungleichgewicht. Wir sind unfähig, die Wahrheit zu erkennen, weil wir einzig und allein mit der materiellen Wahrheit verbunden sind, die für unser wahres Wesen jedoch unvollständig und fragmentiert ist.

Störungen in diesem Chakra gehen oft mit Sehschwierigkeiten und Kopfschmerzen einher.

Gleichgewicht und Harmonie des sechsten Chakras

Wenn das sechste Chakra harmonisch funktioniert, dann hilft es uns dabei, den reinen Vernunftglauben und die Begrenzungen des Verstandes zu überwinden, sodass unsere Vorstellungskraft und unsere Kreativität sich entwickeln können. Es versetzt uns auch in die Lage, Kontakt zu anderen Welten aufzunehmen, die Gesetze der Synchronizität zu verstehen und das wahrzunehmen, was sich hinter dem äußeren Anschein verbirgt.

SIEBTES CHAKRA
Sahasrara
Kronenchakra

Sahasrara, das siebte Chakra, das als „Kronenchakra" bezeichnet wird, liegt im Bereich der Fontanelle am Scheitelpunkt des Kopfes. Es ist das Chakra der Beziehung zum Höheren, zum Ursprung, zum Absoluten, zum Göttlichen. Es ist das Chakra des spirituellen Weges, der Befreiung, des Erwachens oder der inneren Verwirklichung, die über jede Dualität und jedes Getrenntsein hinausgeht. Das siebte Chakra versetzt uns in die Lage, mit unserem höheren Bewusstsein, unserem wahren Wesen in Berührung zu kommen.

Spiritualität

Dieses Chakra steuert den Kortex und das Nervensystem und ist mit der Epiphyse, der so genannten Zirbeldrüse verbunden.

Wenn das siebte Chakra im Gleichgewicht ist, lässt es uns erkennen, dass unser irdisches Leben eine Reise darstellt, in deren Verlauf spirituelle Evolution möglich ist. Das Leben ist die Chance zur und gleichzeitig der wichtigste Grund für diese Evolution. Dieses Chakra versetzt uns in die Lage, höhere Prinzipien zu verstehen und uns ihnen anzuvertrauen, indem wir jede Quelle spiritueller Führung anerkennen.

Gleichgewicht und Harmonie des siebten Chakras

Dieses Chakra ist der Sitz des wahren Bewusstseins, das jede Form von erworbenem Moralbewusstsein hinter sich lässt, deren Sitz das erste Chakra – das Wurzelchakra – ist. Es versetzt uns in die Lage, jenseits aller Begrenzungen der Vergangenheit und der Zukunft tatsächlich im Hier und Jetzt zu leben.

Spirituelle Energie

Der Tradition zufolge kann die Energie, die im Wurzelchakra ruht, entlang der Nadis (den Energiebahnen der Wirbelsäule) bis zum siebten Chakra aufsteigen, um den Menschen in die Lage zu versetzen, die Fülle seines Potenzials zu erkennen.

Anmerkung: Alle Chakras sind miteinander verbunden, und in jedem Chakra sind Aspekte aller anderen Chakras enthalten.

Erstes Chakra Element Erde	Energie der Familie und der Vorfahren	Materielle Dinge und Überleben *Jeder Teil ist ein Teil des Ganzen (alles ist Eins)*
Zweites Chakra Element Wasser	Beziehungs-energie	Sinnlichkeit und Sexualität *Achtung vor anderen Menschen, vor der Vielfältigkeit und vor Unterschieden*
Drittes Chakra Element Feuer	Persönliche Energie	Persönliche Kraft und Transformation *Achtung vor der eigenen individuellen Wesensnatur mit ihrer eigenen Bestimmung*
Viertes Chakra Element Luft	Emotionale Energie	Harmonie und Liebe *Wo immer zwei oder drei Menschen versammelt sind, ist eine höhere Kraft gegenwärtig*
Fünftes Chakra Element Raum oder Äther	Energie der Willenskraft	Ausdruck und Kommunikation *Integration des persönlichen Willens in den höheren Willen*
Sechstes Chakra	Energie des Denkens	Inspiration *Suche nach der Wahrheit*
Siebtes Chakra	Spirituelle Energie	Spiritualität *Gegenwart der Kraft des Ursprungs*

DIE SIEBEN HÖHEREN ARKANAS

Die positiven Wirkungen der sieben höheren Arkanas auf das körperliche, psychologische und energetische Gleichgewicht

Ennea Tess Griffith und Idris Lahore

GESUNDHEIT

Echte Gesundheit ist ein Zustand des Gleichgewichts zwischen körperlichen Organen und Funktionen einerseits und emotionalen und intellektuellen Funktionen andererseits. Unser Alltag mit seinen vielen Erfahrungen und Bewährungsproben (Krankheiten und Sorgen) bewirkt, dass wir das zerbrechliche Gleichgewicht der Gesundheit immer wieder verlieren, und er führt dazu, dass sehr viele Menschen heutzutage vorzeitig altern. Genügend Schlaf und gesunde Ernährung reichen nicht mehr aus, um dieses Gleichgewicht zurückzugewinnen, sodass wir die Hilfe von Gesundheitsexperten und Techniken der Harmonisierung und der Heilung in Anspruch nehmen müssen.

Die euphonische Gestik des Samadeva mit ihren außerordentlich verjüngenden Wirkungen ist genau auf diese Situation ausgerichtet. Die regelmäßige Praxis der Arkanas der euphonischen Gestik wird Sie erkennen lassen, dass es sich dabei nicht um rein körperliche Übungen handelt, sondern dass sie eine tiefere, positive Wirkung sowohl auf Gefühle und Stimmungen als auch auf Konzentrationsfähigkeit und Gedächtnis haben.

Körperliches und psychologisches Wohlbefinden

Die frühen Meister wussten bereits um die Rolle der Muskeln, die erst viel später von der modernen Wissenschaft wiederentdeckt wurde. Die Muskeln sind das Bindeglied zwischen dem Körper und der Psyche: Unsere psychischen Spannungen nisten sich in der Muskulatur ein, und unsere körperlichen Verspannungen lassen psychische Erschöpfung und Ruhelosigkeit entstehen. Diese Wechselwirkung macht deutlich, wie wichtig ein gesunder Tonus der Muskulatur ist. Die Arkanas der euphonischen Gestik des Samadeva tragen durch ihre Bewegungen und Haltungen dazu bei, die Funktion der Muskulatur zu harmonisieren. Sie verleihen ihr ausreichenden Tonus, damit wir aktiv sein können, und befreien sie gleichzeitig von unnötigen Verspannungen, damit Entspannung möglich wird. Dies führt nicht nur zu körperlichem Wohlbefinden, sondern auch zu einem psychologischen Gleichgewicht.

Die überaus positive psychologische Wirkung einer regelmäßigen Praxis erklärt sich auch aus der Tatsache, dass die Arkanas auf die verschiedenen Bereiche unseres Gehirns wirken, die infolgedessen besser mit Sauerstoff versorgt werden. Sie verbessern die Aktivität von Hormonen und Neurotransmittern, deren Aufgabe ja genau darin besteht, die Botschaft des Gleichgewichts und der einwandfreien Funktion an alle Organe und bis in die kleinsten Zellen unseres Körpers zu tragen.

Psychologisches Gleichgewicht ist gekennzeichnet durch einen klaren Geist, Zuversicht, Optimismus und ein Gefühl von Jugendlichkeit und Frische. Ein weiteres Kennzeichen ist große Widerstandsfähigkeit gegen Stress, Schwierigkeiten und Sorgen in Verbindung mit einem guten und erholsamen Schlaf. Psychologisches Gleichgewicht drückt sich besonders in ansteckender Lebensfreude aus.

Neurophysiologie der Aufmerksamkeit

Aus physiologischer Sicht hängt die Fokussierung der Aufmerksamkeit von dem Bereich in der Großhirnrinde ab, der für die Stimulation eines verstärkten Interesses an einem fraglichen Thema zuständig ist. Bei der euphonischen Gestik des Samadeva wird sie durch akustische und musikalische Reize noch weiter verstärkt. Die Konzentration, die durch die Praxis der Übungen entsteht, führt zu einer Hyperfokussierung, die das Feld der Wahrnehmung einschränkt und alle Wahrnehmungen ausblendet, die nicht hilfreich sind. Damit wird nicht nur die Aufmerksamkeit, sondern auch das Gedächtnis verbessert.

Die auf manche Übungen folgende vertiefte Atmung fördert die Ausbreitung hemmender Aktivität in der Großhirnrinde, vor allem durch die Verringerung des CO_2-Gehalts im Blut. Dies dämpft die Aktivität des so genannten „aufsteigenden aktivierenden retikulären Systems", das für die Steuerung der Aufmerksamkeit zuständig ist, und führt zu einer herabgesetzten Erregbarkeit der in der Großhirnrinde liegenden Nervenzellen. Auf diese Weise nutzen Biochemie, Kreislauf, Stoffwechsel und Bioelektrik im Körper ihre jeweiligen Synergien, um die Konzentration zu verbessern.

Da die Haltungen, Bewegungen und Tänze ungewohnte und manchmal auch unnatürliche Bewegungsabläufe darstellen, bewirken sie im hinteren Labyrinth des Ohrs eine Destabilisierung, die mit einer starken Erregung des Gleichgewichtsorgans einhergeht. Durch die Bewegungen im Raum werden in der Haut befindliche Nervenendigungen (Propriozeptoren und Exterozeptoren) aktiviert, wodurch die Konzentration weiter verstärkt wird und sich schließlich in noch höherem Maße fokussieren kann.

Allgemeine positive Wirkungen

Zu den positiven Wirkungen der Praxis der sieben höheren Arkanas zählen unter anderem die Verbesserung der Durchblutung im Gehirn (bessere Konzentration und besseres Gedächtnis) und in den Extremitäten (Hände, Beine und Füße), die Harmonisierung der arteriellen Spannung und die Stimulation des Herzmuskels, eine Verbesserung der körperlichen Widerstandskraft, eine auf die Atem- und Bewegungstechniken zurückzuführende Reinigung der Lunge und verbesserte Versorgung des Blutes mit Sauerstoff, eine Verbesserung der Beweglichkeit von Wirbelsäule und Gelenken (mit jeder Praxisstunde wird der Körper lockerer, beweglicher und widerstandsfähiger), eine auf die Selbstmassage des Bauches zurückzuführende Stimulation der Verdauungsorgane, eine Stimulation der Nieren und der Haut, die beide Ausscheidungsorgane sind, die Regulierung des Hormonsystems beim Mann und bei der Frau, eine Harmonisierung der Sexualfunktion, die Stärkung des Abwehr- und Immunsystems, eine emotionale und psychische Harmonisierung und Beruhigung sowie nicht zuletzt die Förderung von Intuition, Inspiration und Kreativität.

Körperliche, emotionale und mentale Harmonisierung

Die Arbeit an Einatmung und Ausatmung führt äußerst schnell zu einer Verbesserung des Gleichgewichts und zu einer Stärkung des Nervensystems mit nachweislich positiven Wirkungen auf nervöse Anspannung und Schlaflosigkeit.

Die Wirkung der sieben höheren Arkanas erstreckt sich vom Stütz- und Bewegungsapparat (Muskeln, Gelenke und Sehnen) über das Nervensystem und das Hormonsystem bis hin zum Verdauungssystem, Atemsystem und Urogenitalsystem.

Die Praxis der höheren Arkanas stimuliert den gesamten Organismus, beruhigt die Psyche und klärt den Geist.

Weil die Funktion aller Sinne verbessert wird, können die im vorherigen Abschnitt bereits erläuterten Energiezentren oder Chakras die externen, also außerhalb des Körpers befindlichen Energien besser aufnehmen, die dann auf ganz natürliche Weise mit den inneren körperlichen, emotionalen und mentalen Energien integriert und harmonisiert werden. Sowohl Mann als auch Frau sind innerlich ausgeglichen und können in Harmonie mit anderen Menschen und mit ihrer Umwelt leben.

Die euphonische Gestik des Samadeva ist damit eine der einfachsten, angenehmsten und wirksamsten Methoden, wenn es darum geht, ein höheres Maß an Vitalität, Gesundheit, Harmonie und Jugendlichkeit zu erlangen und zu bewahren.

DIE SIEBEN HÖHEREN ARKANAS

DIE PRAXIS DER SIEBEN HÖHEREN ARKANAS

Emma Thyloch und Ennea Tess Griffith

Mit der Praxis beginnen

Die Praxis der sieben höheren Arkanas sollte schrittweise erlernt werden. Lernen Sie eine Arkana nach der anderen, bis Sie bei der siebten Arkana angekommen sind. Verlängern Sie die Dauer der Übungen nur allmählich. Zehn Minuten sind sowohl für einen Anfänger als auch für die regelmäßige tägliche Praxis vollkommen ausreichend. So erzielen Sie schnelle Fortschritte und beherrschen die Arkanas im Laufe der Zeit immer besser.

Die Praxis der Arkanas mag zu Beginn ein wenig anstrengend sein, aber im Laufe der Zeit werden die Bewegungen einfach und fließend. Dann haben Sie die Arkanas gemeistert … und es bleibt Ihnen die Freude, sie zu praktizieren und die erstaunlichen Wirkungen zu genießen, die sie im Hinblick auf Erholung, Verjüngung und Gesundheit zu bieten haben.

Sie können die Arkanas jederzeit praktizieren, und ihre Vielfältigkeit ermöglicht es Ihnen, immer die Arkanas zu wählen, die Ihnen zu einer gegebenen Zeit und an einem gegebenen Ort am meisten zusagen.

Die Arkanas sind keineswegs feststehende, starre Bewegungen und Haltungen. Sie können sie jederzeit an die individuelle Anatomie Ihres Körpers anpassen. Auch das Tempo, in dem sie ausgeführt werden, können Sie auf Ihre persönliche Neigung oder auf das Ziel, das Sie erreichen wollen, einstellen: Soll die Praxis eine anregende oder beruhigende Wirkung haben? Gleichwohl ist es im Idealfall natürlich ratsam, an einem in Ihrer Nähe stattfindenden Kurs der euphonischen Gestik des Samadeva unter Anleitung eines Lehrers teilzunehmen oder einen Einführungskurs an der *Libre Université de l'Euphonie Gestuelle du Samadeva* unter der Leitung eines Professors zu besuchen.

Einige hilfreiche Hinweise

Die folgenden praktischen Hinweise sind hilfreich, wenn es darum geht, die Ausführung der sieben höheren Arkanas zu erleichtern.

Tragen Sie lockere und bequeme Kleidung, die Sie nicht einengt und weder Ihre Atmung und Durchblutung noch Ihre Bewegungen behindert. Legen Sie Halsketten, Armbänder, Ringe, Uhr und Brille nach Möglichkeit ab.

Praktizieren Sie die Arkanas möglichst nicht mit vollem Magen.

Für bestimmte Arkanas benötigen Sie eine Wollmatte oder eine große Badezimmermatte. Üben Sie nach Möglichkeit in einem gut gelüfteten Raum und öffnen Sie, falls erforderlich, das Fenster. Achten Sie aber darauf, dass die Temperatur angenehm bleibt.

Versuchen Sie nicht, etwas zu erzwingen. Führen Sie alle Bewegungen sanft aus, um jedes Verletzungsrisiko zu vermeiden. Wenn Sie im Anschluss an die Praxis müde sind, dann bedeutet das entweder, dass Sie zu viel praktiziert haben, oder aber, dass Sie kurz davor stehen, krank zu werden.

Sollten sich anfangs Gelenkschmerzen oder anderweitige Schmerzen einstellen, führen Sie die Übungen mit noch größerer Sanftheit aus. Suchen Sie unbedingt einen Therapeuten auf, falls die Schmerzen anhalten. Solche Dinge weisen stets auf eine Störung hin, der Sie sich zuwenden müssen. Anhaltende Schmerzen sind Anzeichen für ein körperliches Problem, können mitunter aber auch Anzeichen für eine falsche oder übertriebene Praxis sein.

Mit geeigneter Musik praktizieren

Die euphonische Gestik des Samadeva ist Tanztherapie und Musiktherapie zugleich, weil sie stets mit Musikbegleitung praktiziert wird. Der Höhepunkt mancher Übungen besteht in einer therapeutischen Choreographie, die sich die belebenden Wirkungen der Musik zunutze macht. In diesem Fall dient die Praxis als Gruppenpsychotherapie, die nicht den bewussten sprachlichen Ausdruck sucht, sondern der Wirkung der Heilkraft des Unbewussten vertraut. Das bewusste und von der Willenskraft gesteuerte Element ist die Gegenwart in den Haltungen und Bewegungen im „Hier und Jetzt".

Heute betrachtet man das Unbewusste nicht mehr nur als das freudianische Reich unserer Schatten und Verdrängungen, sondern vor allem als positiven Prozess, der zur Lösung all unserer Probleme führen kann, sofern wir sie dem Ansatz von Milton Erickson gemäß mit der richtigen geistigen Einstellung und der geeigneten körperlichen Praxis angehen, die jedoch nicht nur aus körperlichen Übungen bestehen darf, sondern auch tiefe und positive Wirkungen auf Emotionen und Stimmungen, Konzentration und Gedächtnis haben muss.

Für die Praxis der sieben höheren Arkanas wurden eine spezielle CD mit Musik und eine DVD (in englischer Sprache) zusammengestellt, die über die Libre Université de l'Euphonie Gestuelle du Samadeva *zu beziehen sind.*

DIE SIEBEN HÖHEREN ARKANAS

DER SPRINGENDE BRUNNEN

DAS SCHILFGRAS IM WIND

DER TANZ DES BECKENS

DER SONNENGRUSS

DIE STRECKUNG DER LEBENSFREUDE

DIE FEUERFUNKEN

DER TANZ DER PLANETEN

Die Grundhaltung

Vor jeder Arkana nehmen wir die Grundhaltung ein. Dies ist eine Ausgangsstellung, zu der wir im Laufe der Praxis immer wieder zurückkehren.

Stehen Sie aufrecht. Füße und Hüften bilden eine senkrechte Linie. Die Knie sind leicht gebeugt. Das Becken ist so geneigt, dass das Gesäß ganz leicht nach hinten verlagert wird. Der Oberkörper ist aufgerichtet. Verlagern Sie Ihr gesamtes Körpergewicht auf den vorderen Bereich der Füße, so als würden die Fersen gerade eben noch den Boden berühren. Der Blick ist gerade nach vorne gerichtet. Atmen Sie ruhig aus dem Bauch heraus, und entspannen Sie dabei Bauch- und Unterleibsmuskulatur. Vergessen Sie nicht, auch Ihre Schultern locker nach unten fallen zu lassen.

Diese gerade und aufgerichtete Haltung, in der das Körpergewicht gleichmäßig auf beide Füße verteilt ist, bringt die Wirbelsäule wieder ins Gleichgewicht. Kopf und Gehirn werden besser durchblutet, und die Verbindung zwischen den einzelnen Bereichen des Gehirns wird verbessert. Die Konzentration wird besser, die Atmung wird tiefer und ruhiger, und die endokrinen Drüsen werden angeregt.

Die Haltungen haben eine positive Wirkung auf die Stabilität des Körpers, und die Bewegungen fördern das Gleichgewicht. Die Haltungen und Bewegungen werden mit einem möglichst hohen Maß an Aufmerksamkeit und Bewusstheit ausgeführt. Die Bewegungen werden nicht zu schnell ausgeführt und niemals erzwungen, sondern fließen vielmehr sanft und voller Anmut.

Die Bedeutung des Atems

Der Atem spielt eine sehr wichtige Rolle, und sobald Sie die Übungen gemeistert haben, werden für jede Arkana genaue Anweisungen bezüglich der richtigen Atmung gegeben. Während Sie die Bewegungen und Haltungen lernen, ist es allerdings besser, frei zu atmen. Dabei sollten Sie aber dennoch darauf achten, dass Sie den Atem nicht anhalten. Er muss fließen. Später wird die Praxis dann um die Atemübungen ergänzt. Bis dahin praktizieren Sie die Grundatmung, bei der die Ausatmung die doppelte Länge der Einatmung hat. Zwischen Einatmung und Ausatmung machen Sie stets eine Pause von zwei Sekunden.

Die Konzentration auf Ein- und Ausatmung bewirkt sehr schnell, dass das Gleichgewicht verbessert und das Nervensystem gestärkt wird. Dies hat erkennbare positive Auswirkungen auf nervöse Spannungen und Schlaflosigkeit.

Der Atem ist von größter Bedeutung. Ihr Leben hat mit der ersten Einatmung begonnen, und es wird enden, wenn Sie zum letzten Mal ausgeatmet haben. Alles beginnt und alles endet mit dem Atem. Das Atmen ist einerseits der individuellste Vorgang, den es gibt, andererseits aber auch der Vorgang, der uns am stärksten mit anderen Menschen verbindet. Jeder Mensch muss atmen, um am Leben zu bleiben, und die Luft, die wir ein- und ausatmen, ist für alle Menschen gleich. Durch die Luft, die wir atmen, sind wir deshalb mit allen Menschen verbunden, von denen wir umgeben sind, ob wir es wollen oder nicht.

Die Harmonisierung der Chakras

Wie der Yoga, der Taoismus und die Kabbala besitzt auch die Wissenschaft der Derwische, die euphonische Gestik des Samadeva, umfassende Kenntnisse über die Funktionen sowohl des physischen Körpers als auch des so genannten „Energiekörpers", der aus Energiezentren und Energiebahnen besteht.

Die in einem der vorherigen Abschnitte des Buches bereits beschriebenen Energiezentren oder Chakras, die entlang der Wirbelsäule liegen, steuern nicht nur das Nervensystem und das Hormonsystem, sondern auch alle anderen Systeme und Funktionen des Körpers. Aus spiritueller Sicht heißt es, dass sie die universellen Energien aufnehmen (denen die verschiedenen Traditionen unterschiedliche Namen gegeben haben: *qi* in der chinesischen Tradition, *nafa* in der Tradition der Derwische, *ruh* in der Sufi-Tradition, *prana* in der ayurvedischen Tradition und *kundalini* in der Tradition des Yoga), um sie über die Energiebahnen, die in der chinesischen Medizin als *Meridiane*, in der Medizin der Derwische als *silsilla* und in der ayurvedischen Medizin als *nadis* bezeichnet werden, im gesamten Organismus kreisen zu lassen.

Die sieben höheren Arkanas üben auf unseren „Energiekörper" eine harmonisierende Wirkung aus: von der ersten Arkana, dem „springenden Brunnen", der alle Chakras weckt und belebt und auf diese Weise sowohl den physischen als auch den Energiekörper auf die nachfolgenden Arkanas vorbereitet, bis zur siebten Arkana, dem „Tanz der Planeten", der alle Energiezentren in kreisende Schwingung versetzt.

„Und auch meine Seele ist ein springender Brunnen."

NIETZSCHE – „Also sprach Zarathustra"

ARKANA 1

CHAKRA LALEH

DER SPRINGENDE BRUNNEN

DER SPRINGENDE BRUNNEN

Diese Arkana wirkt in erster Linie auf das Nervensystem und reguliert die Energien im Körper.

Die erste Arkana – „Der springende Brunnen" – dient zur Aufwärmung. Ihr Ziel ist es, die Energiezentren oder Chakras zu wecken und zu beleben. Unser physischer Körper und unser Energiekörper werden auf die nachfolgenden Arkanas vorbereitet.

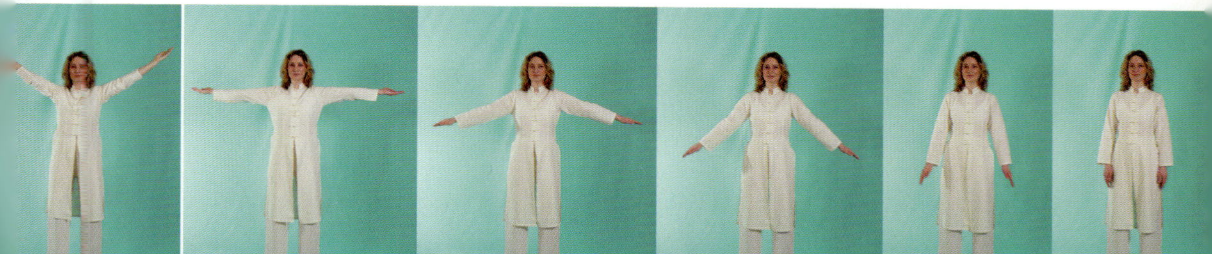

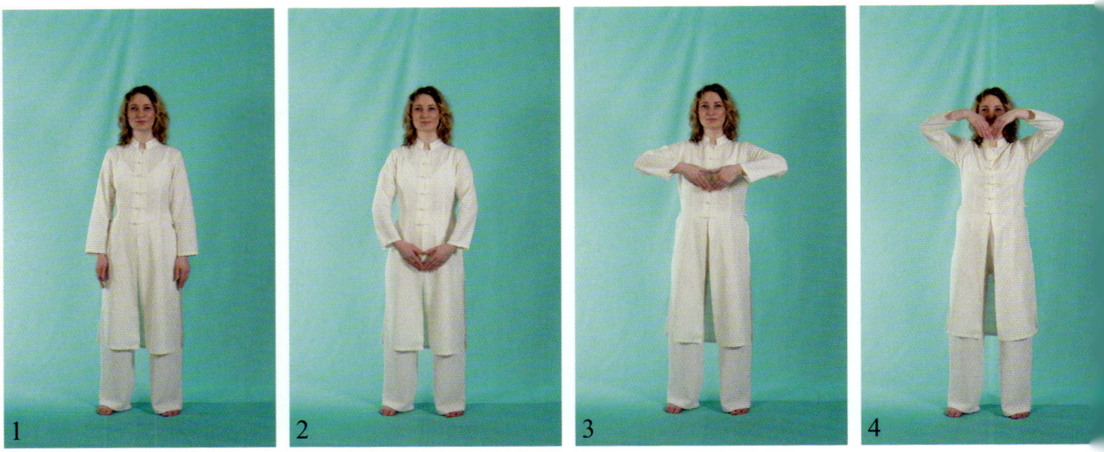

1) Nehmen Sie die Grundhaltung ein. Die Arme hängen locker neben dem Körper herab.

2) Legen Sie die Hände so zusammen, dass sie an der Basis des Rumpfs ein Dreieck bilden.

3) Führen Sie die Hände über alle sieben Chakras nach oben (ihre jeweilige Position wird auf den nachfolgenden Seiten gezeigt).

4) Nach dem sechsten Chakra drehen sich die Hände ganz natürlich …

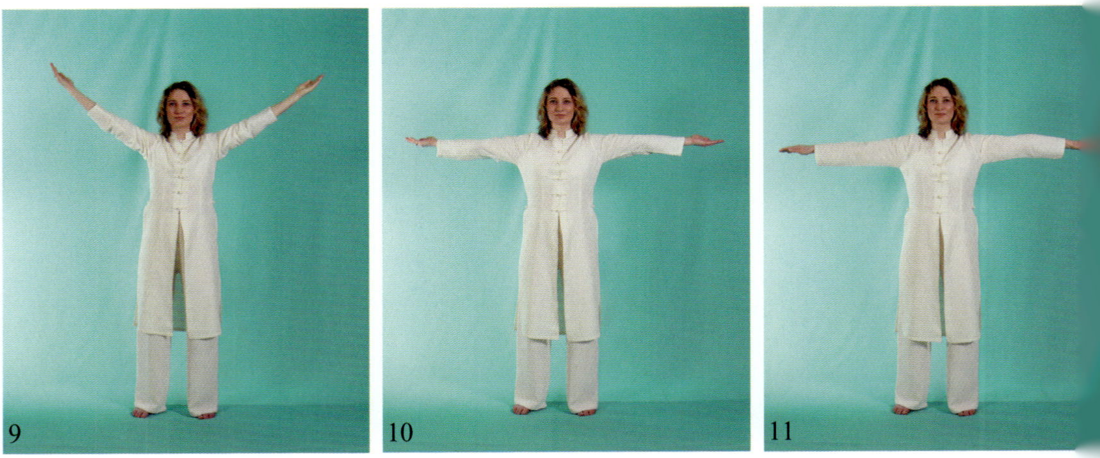

9–10) Lassen Sie die Arme bis in Schulterhöhe sinken. Die Innenflächen der Hände weisen nach oben zum Himmel. Achten Sie auf mögliche Empfindungen im Körper.

11) Drehen Sie die Innenflächen der Hände nach unten zum Boden …

6

7

8

5) … ehe Sie am siebten Chakra ankommen, das am Scheitelpunkt des Kopfes liegt.

6–8) Führen Sie die Hände weiter nach oben und dann in einer halbkreisförmigen Bewegung auseinander, sodass sie der Fontäne eines Springbrunnens gleichen.

13

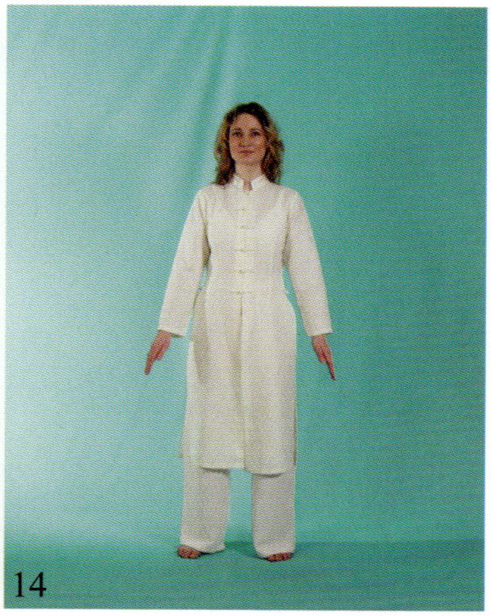

14

12–14) … und lassen Sie die Arme weiter sinken, bis sie wieder locker seitlich neben dem Körper herabhängen.

Nach diesem ersten Durchgang über alle Chakras, bei dem die Hände eine gleichmäßige und fließende Bewegung ausführen, wiederholen Sie die Übung, halten diesmal jedoch auf der Höhe des ersten Chakras zehn Sekunden lang inne, bevor Sie die Hände – die wieder zu einem Dreieck zusammengelegt sind – in einer fließenden Bewegung über die nachfolgenden Chakras nach oben führen. Beim nächsten Durchgang halten Sie auf der Höhe des zweiten Chakras zehn Sekunden lang inne. Fahren Sie in dieser Weise fort, bis Sie schließlich beim siebten und letzten Chakra angekommen sind.

Die erste Arkana endet mit der Dreiheit von Bejahung, Verneinung und Vereinigung. Zur Bejahung führen Sie nur den rechten Arm in einer gleichmäßigen, fließenden Bewegung über alle Chakras nach oben. Der linke Arm bleibt seitlich neben dem Körper. Drehen Sie die rechte Hand wie im nebenstehenden Bild gezeigt. Fahren Sie mit der Verneinung fort, bei der Sie nur den linken Arm über alle Chakras nach oben führen. Beenden Sie die Arkana mit der Vereinigung, bei der Sie wie beim ersten Durchgang beide Arme über alle Chakras nach oben führen.

Das siebte Chakra, das am Scheitelpunkt des Kopfes liegt, berühren Sie nur leicht mit den Fingerspitzen, nachdem Sie die Hände – die Oberseiten der Finger aneinander – zusammengelegt haben, wie oben rechts gezeigt.
Nach den sieben Durchgängen wiederholen Sie die Übung noch zwei Mal, indem Sie wie beim ersten Durchgang beide Hände in einer fließenden und gleichmäßigen Bewegung über alle sieben Chakras nach oben führen.

Führen Sie die Bewegungen langsam aus, und bleiben Sie stets aufmerksam für die Empfindungen Ihres Körpers. Lassen Sie aufkommende Gedanken vorüberziehen, und kehren Sie mit der Aufmerksamkeit zu den Empfindungen des Körpers zurück. Wenn Sie hinreichend geübt sind, können Sie Ihre Aufmerksamkeit zusätzlich auf den Atem richten.

Gesamtdauer der Übung: etwa 3 Minuten
Zusammenfassung: Die vollständige Übung besteht aus dem auf der vorherigen Doppelseite beschriebenen ersten Durchgang, sieben sich daran anschließenden Durchgängen, bei denen Sie im ersten Durchgang vor dem ersten Chakra zehn Sekunden innehalten, im nächsten Durchgang vor dem zweiten Chakra und so weiter, bis Sie beim siebten Chakra angekommen sind (wie auf den obigen Photos dargestellt), zwei erneuten Wiederholungen des ersten Durchgangs sowie der nebenstehend beschriebenen Dreiheit aus Bejahung, Verneinung und Vereinigung.

„Wie das Schilfgras, das sich im Wind biegt
und sich immer wieder neu aufrichtet.“

IDRIS LAHORE – „Arane ô Arane“

ARKANA 2

NADABRAMA

DAS SCHILFGRAS IM WIND

DAS SCHILFGRAS IM WIND

Diese Arkana wirkt in erster Linie auf das Verdauungssystem
und auf die Wirbelsäule.

„Bewegung liegt an der Wurzel aller Dinge. Alle Bewegung ist die Manifestation eines Archetypus, einer Willenskraft höchsten Ursprungs.“

ADJITA DJEEMASH

1) Nehmen Sie die Grundhaltung ein. Legen Sie dann die Hände links und rechts auf die Hüften.

2) Schieben Sie die Hüften nach links, und beugen Sie Schultern und Kopf nach rechts.

3–4) Der Oberkörper führt eine Drehbewegung von rechts nach links aus, wobei der Kopf eine Linie mit der Wirbelsäule bildet.

9–16) Halten Sie in der Ausgangsstellung einen Moment inne, und führen Sie anschließend drei Drehungen in die andere Richtung aus: Hüften nach rechts, Kopf und Schultern nach links …

5–6) Wenn Ihr Oberkörper in der nach vorne gerichteten Drehbewegung in der horizontalen Position angekommen ist, schieben Sie die Hüften nach rechts und beugen Schultern und Kopf nach links.

7–8) Setzen Sie die Drehbewegung fort, bis Sie wieder in die aufrechte Haltung zurückgekehrt sind. Wiederholen Sie diese vollständige Drehung noch zwei Mal.

Achten Sie darauf, dass Ihre Bewegung rund, gleichmäßig und fließend ist, wie Schilfgras im Wind.

„Nur im Tanze weiß ich der höchsten Dinge
Gleichnis zu reden."

NIETZSCHE – „Also sprach Zarathustra"

ARKANA 3

NADASAMA

DER TANZ DES BECKENS

DER TANZ DES BECKENS

Diese Arkana wirkt in erster Linie auf das Nervensystem
und reguliert die Energien im Körper.

„Was wir nicht durch unseren Körper entdecken können, das können wir
an keinem anderen Ort der Welt entdecken."

IDRIS LAHORE – „Le Silence du Corps"

1

2

3

4

1) Nehmen Sie die Grundhaltung ein, und verschränken Sie die Finger im Nacken. Die Füße stehen fest auf dem Boden. Halten Sie den Kopf möglichst senkrecht, und richten Sie den Blick gerade nach vorne.

2–4) Schieben Sie die Hüften nach links, und führen Sie dann eine Drehung des Beckens nach hinten aus.

9

10

11

12

9–16) Führen Sie nun drei Drehungen in die entgegengesetzte Richtung aus: Hüften nach rechts, das Becken dreht nach hinten, Hüften nach links, das Becken dreht nach vorne …

5–8) Schieben Sie die Hüften nun nach rechts, und führen Sie eine Drehung des Beckens nach vorne aus. Der Oberkörper bleibt gerade, aber nachgiebig. Achten Sie darauf, dass er sich möglichst nicht bewegt, denn Ihr Becken führt die Tanzbewegung aus. Wiederholen Sie die gesamte Übung drei Mal, und kehren Sie anschließend wieder in die Grundhaltung zurück.

Wenn diese Übung regelmäßig praktiziert wird, korrigiert sie die Stellung des Beckens und der Lendenwirbelsäule.

„Der Mensch ist ein Wesen, das eines Tages den aufrechten Gang erworben hat und damit einer Achse zwischen Himmel und Erde gleicht.“

IDRIS LAHORE

ARKANA 4

AHURAMAZDA

DER SONNENGRUSS

DER SONNENGRUSS

Diese Arkana ist die Gesundheitsübung schlechthin.
Ihre Wirkung erstreckt sich auf alle Funktionen des Körpers.
Sie wirkt jedoch insbesondere auf den Blutkreislauf
und das Herz sowie auf die Gelenke.

„Die sieben höheren Arkanas folgen der Evolution des Menschen
im Laufe der Geschichte. Mit ihrer Hilfe können wir tief in uns
diese Wanderung der menschlichen Seele im Laufe der Zeit
und der Evolution der Welten wiederentdecken."

IDRIS LAHORE

1) Nehmen Sie die Grundhaltung ein. Die Arme hängen locker neben dem Körper herab.
2) Legen Sie die Hände so zusammen, dass sie an der Basis des Rumpfs ein Dreieck bilden.
3) Führen Sie die Hände über alle sieben Chakras nach oben.
4) Nach dem sechsten Chakra drehen sich die Hände ganz natürlich …

9–10) Lassen Sie die Arme bis in Schulterhöhe sinken. Die Innenflächen der Hände weisen nach oben zum Himmel.
11) Drehen Sie die Innenflächen der Hände nach unten zum Boden …

6

7

8

5) … ehe Sie am siebten Chakra ankommen, das am Scheitelpunkt des Kopfes liegt.

6–8) Führen Sie die Hände weiter nach oben und dann in einer halbkreisförmigen Bewegung auseinander, sodass sie der Fontäne eines Springbrunnens gleichen.

13

14

12–14) … und lassen Sie die Arme weiter sinken, bis sie wieder locker seitlich neben dem Körper herabhängen.

15) Legen Sie die Hände vor dem Solarplexus übereinander. Die rechte Hand umfasst dabei den linken Daumen.

16 – 17) Verbeugen Sie sich, und richten Sie sich anschließend wieder auf.

18 – 19) Lassen Sie sich auf die Knie sinken …

23) Verbeugen Sie sich ein drittes Mal.

24) Legen Sie die Hände nun flach auf den Boden, sodass sie ein Dreieck bilden.

25) Legen Sie die Stirn in einer Haltung der Hingabe auf dem Boden ab.

26) Drehen Sie die Hände nach außen, sodass die Handinnenflächen nach oben weisen.

9

20

21

22

20) … und senken Sie das Gesäß dann weiter nach hinten, bis es auf den Fersen ruht.

21–22) Verbeugen Sie sich erneut zum Gruß, und richten Sie sich anschließend wieder auf.

Achten Sie darauf, dass Ihre Bewegungen ruhig, leicht und fließend sind.

7

28

29

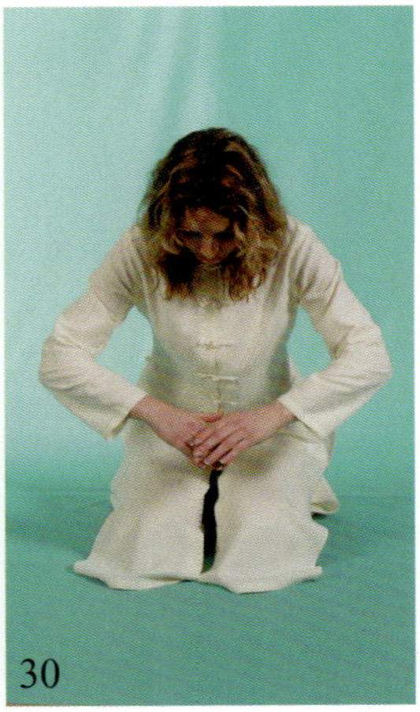
30

27–28) Lösen Sie die Unterarme vom Boden. Heben Sie die Hände zum Himmel und legen sie dann wieder in Form eines Dreiecks auf dem Boden ab.

29–30) Richten Sie sich wieder auf, und legen Sie den linken Daumen dabei wieder in die rechte Hand …

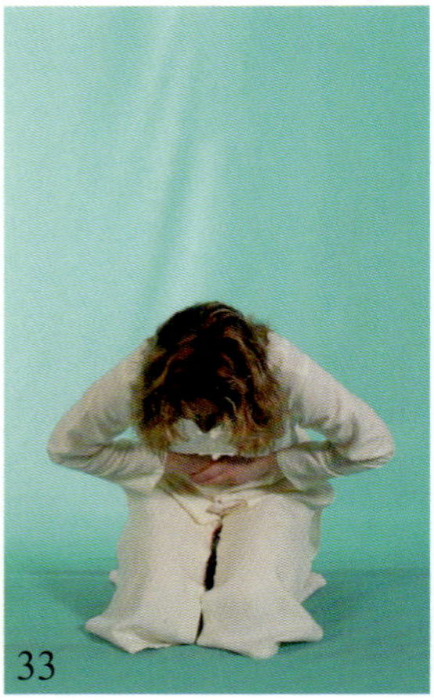

31) Setzen Sie sich wieder auf die Fersen, und richten Sie den Oberkörper auf.

32–34) Verbeugen Sie sich erneut zum Gruß, und richten Sie sich auf, bis Sie wieder auf den Fersen sitzen.

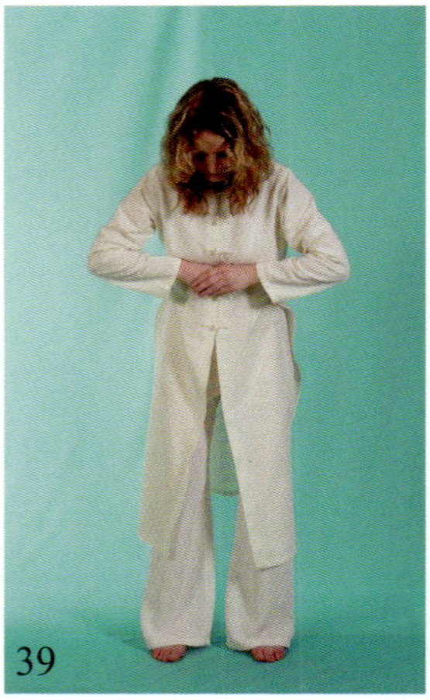

39–40) Verbeugen Sie sich noch einmal zum Gruß.

41–42) Nachdem Sie sich wieder aufgerichtet haben, lösen Sie die Hände und lassen die Arme locker neben dem Körper herabhängen.

Die einzelnen Bewegungen gehen fließend ineinander über.

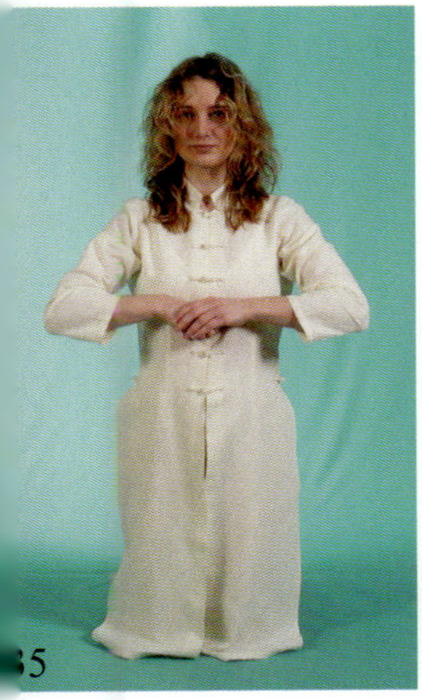

35) Kommen Sie in den Kniestand.

36–37) Stehen Sie auf, indem Sie sich mit dem linken Fuß abstützen.

38) Kehren Sie in den aufrechten Stand zurück. Die Hände liegen noch immer übereinander, und der linke Daumen liegt in der rechten Hand.

Wichtig: Versuchen Sie niemals, etwas zu erzwingen. Führen Sie alle Bewegungen sanft aus. Wenn Sie an Gelenkschmerzen leiden oder Probleme mit dem Kniestand haben, können Sie die im Knien ausgeführten Bewegungen durch ähnliche Bewegungen im aufrechten Stand ersetzen. Anstelle der Haltung der Hingabe können Sie Hände und Stirn auf einer imaginären horizontalen Fläche ablegen, die sich vor Ihrer Brust erstreckt.

Der Sonnengruß wird – wenn auch oft in leicht abweichender Form – seit Urzeiten in allen Weisheitsschulen praktiziert. Er wurde schon immer als Grundlage jeder spirituellen Praxis betrachtet.
Er verbindet den Körper mit dem Geist, und weil jede Bewegung ein Gefühl oder eine Emotion entstehen lässt, ist auch das Herz daran beteiligt.
Der Sonnengruß ist die elementare Übung für Körper, Herz und Geist, wenn es darum geht, inneren Frieden zu erlangen.

Der Sonnengruss: Die positiven Wirkungen der verschiedenen Haltungen

Die aufrechte Haltung im Stand, bei der das Körpergewicht gleichmäßig auf beide Füße verteilt ist, bringt die Wirbelsäule wieder ins Gleichgewicht und hat eine positive Wirkung auf die Durchblutung des Gehirns und die Verbindung zwischen den verschiedenen Gehirnbereichen. Die Konzentration verbessert sich, und die Atmung wird tiefer und ruhiger. Die Hormondrüsen werden stimuliert.

Die Verbeugung in der stehenden Haltung dehnt die Muskulatur des unteren Rückens, der hinteren Oberschenkel und der Waden. Das Blut fließt in den oberen Bereich des Rumpfes. Die Verdauungsorgane (Magen, Leber, Gallenblase, Bauchspeicheldrüse, Dünn- und Dickdarm) werden stimuliert.

Die knienden Bewegungen dieser Arkana lockern alle Gelenke der Gliedmaßen und des Rückens und machen sie beweglicher. Der Blutfluss in Richtung des Kopfes wird verstärkt, was die Funktion von Lungen, Bronchien, Augen, Nase und Ohren verbessert. Außerdem haben diese Bewegungen eine sehr positive Wirkung bei Bluthochdruck.

Die Haltung der Hingabe übt eine ganz spezielle Wirkung auf unseren psychosomatischen Zustand aus. Sie harmonisiert, weil sie das sympathische und parasympathische Nervensystem ins Gleichgewicht bringt. Außerdem gibt sie uns die Möglichkeit, über unsere Egozentriertheit hinauszugelangen.

Der Sonnengruss: Ausdruck der Dankbarkeit für die verschiedenen Reiche der Natur

Im aufrechten Stand ist der Mensch das, was er tatsächlich ist: ein Wesen, das eines Tages den aufrechten Gang erworben hat und damit einer Achse zwischen Himmel und Erde gleicht. Wenn er sich verbeugt, gleicht er den Pflanzen, wie etwa dem Schilfgras, das sich im Wind biegt. Wenn er kniet und sich mit den Händen auf dem Boden abstützt, gleicht er dem Tier. Wenn er sich in die Haltung der Hingabe begibt, kehrt er ins Reich der Mineralien zurück. So durchläuft der Mensch im Laufe des Sonnengrußes alle Stadien seiner Evolution. Er erinnert sich daran, dass er die verschiedenen Reiche der Natur in sich trägt, die in ihm nicht nur ihre Einheit, sondern auch ihren Höhepunkt finden. Diese Arkana ist auch Ausdruck der Dankbarkeit und Anerkennung für diese verschiedenen Reiche.

Gleichzeitig lehrt uns der Sonnengruß aber auch, dass in der Schöpfung jedes Wesen eine bestimmte Position einnimmt, die seinem Platz in der Schöpfung entspricht. Es heißt, dass sogar die Engel eine bestimmte Haltung einnehmen, um Gott zu ehren! Allein der Mensch ist imstande, jede dieser Haltungen einzunehmen: Er besitzt die Freiheit, zwischen der Haltung des Tieres, der Pflanze oder des Staubkorns zu wählen und eines Tages die Haltung des Engels zu lernen. Die Legende berichtet außerdem, dass jeder Mensch, der den Sonnengruß praktiziert, von zwei Engeln begleitet wird: von seinem Schutzengel und von einem Erzengel.

„Durch die Streckung lösen wir unsere Verspannungen,
unter denen – auf einer tieferen Ebene – das Leben,
die Freude und die Liebe verborgen liegen,
die wesentliche Eigenschaften der menschlichen Existenz sind.“

IDRIS LAHORE

ARKANA 5

MAZDANA

DIE STRECKUNG DER LEBENSFREUDE

DIE STRECKUNG DER LEBENSFREUDE

Diese Arkana wirkt in erster Linie auf die Haut, die Nieren und die Blase. Darüber hinaus hat sie eine entgiftende Wirkung.

Der Wechsel von der Anspannung zur Entspannung führt praktisch sofort zu einem Zustand des Wohlbefindens.

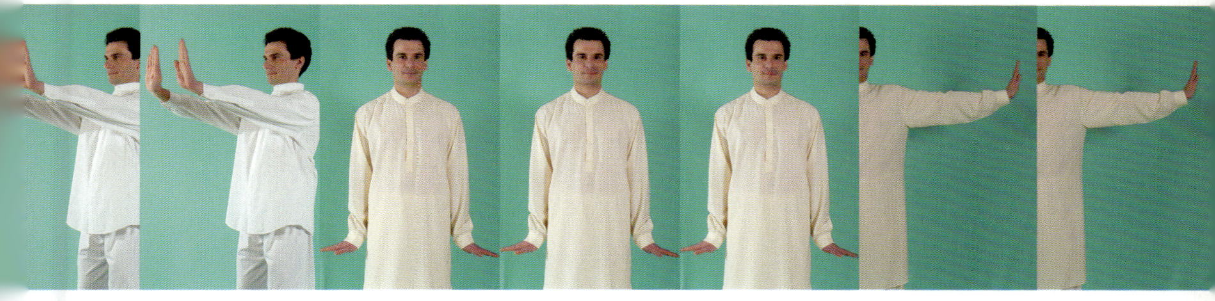

1) Heben Sie die Arme nach vorne bis in Schulterhöhe und strecken sie vom Körper weg. Die Handinnenflächen weisen nach vorne.

2–3) Heben Sie die Arme senkrecht über den Kopf und strecken sie nach oben zum Himmel. Die Handinnenflächen weisen nach oben.

In unseren Muskelverspannungen liegen drei grundlegende negative Emotionen verborgen, die von Geburt an in uns allen eingebrannt sind. Diese drei „Gifte“ sind Traurigkeit, Zorn und Angst.

Durch das Auflösen unserer Verspannungen können wir diese negativen Schichten befreien, unter denen – auf einer tieferen Ebene – das Leben, die Freude und die Liebe verborgen liegen, die wahre und wesentliche Eigenschaften der menschlichen Existenz sind. Die Energie und die Freude sind hinter all unseren Verspannungen gegenwärtig. Die Arbeit am Körper mit Entspannungs-, Atem- und Streckübungen gibt uns die Möglichkeit, diese Verspannungen allmählich aufzulösen.

4) Lassen Sie die Arme nun seitlich bis in Schulterhöhe sinken und strecken sie wiederum seitlich vom Körper weg. Die Handinnenflächen weisen nach außen.

5) Lassen Sie die Arme schließlich sinken, bis sie seitlich neben dem Körper herabhängen, und strecken sie nach unten. Die Handinnenflächen weisen zum Boden.

Streckung ist eine Verstärkung der Spannung, auf die eine Erschlaffung folgt. Die Verstärkung der Spannung hat eine homöopathische Wirkung: Meist leben wir mit unseren Verspannungen, ohne es zu wissen. Bei den Streckübungen verstärken wir die Spannung ein wenig, und der Wechsel von der Anspannung zur Entspannung führt praktisch sofort zu einem Zustand des Wohlbefindens.

„Das Bewusstwerden für den eigenen Körper kann dazu führen,
dass man sich gleichsam als ein Schriftzeichen des Kosmos erkennt."

Ennea Tess Griffith

ARKANA 6

AHURA

DIE FEUERFUNKEN

DIE FEUERFUNKEN

Diese Arkana wirkt in erster Linie auf das Verdauungssystem und das Immunsystem, aber auch auf den Rücken und den Nacken. Sie hat darüber hinaus eine harmonisierende Wirkung auf die Psyche.

„Es spricht das Weltenwort,
das ich durch Sinnestore
in Seelengründe durfte führen:
Erfülle deine Geistestiefen
mit meinen Weltenweiten,
zu finden einstens mich in dir.“

R. Steiner – „Seelenkalender“

1) Nehmen Sie die Grundhaltung ein.

2–3) Heben Sie die Arme seitlich bis in Schulterhöhe. Ihr Blick geht zur rechten Hand.

7–10) Wenn der rechte Arm nach vorne weist, beginnen Sie, beide Arme in einer langsamen Bewegung anzuwinkeln und gleichzeitig die Knie leicht einzubeugen.

4–6) Der Brustkorb führt eine Drehung nach links aus. Die Arme folgen der Drehung, bleiben aber horizontal und in einer Linie mit den Schultern. Der Blick bleibt fest auf die rechte Hand gerichtet.

11–14) Die Bewegung des Brustkorbs zieht das Becken in eine leichte Drehung nach links, bis die rechte Hand auf der linken Schulter und der Handrücken der linken Hand mit einer kreisförmigen Bewegung auf dem rechten Schulterblatt zu liegen kommt.

15–17) Strecken Sie in einer langsamen Bewegung den rechten Arm nach vorne und den linken Arm nach hinten aus, um in die Sagittalebene zu kommen. Richten Sie den Oberkörper und den Kopf auf. Ihr Blick geht zur linken Hand.

18) Beginnen Sie nun, den Oberkörper in die entgegengesetzte Richtung zu drehen.

22) Fahren Sie in der Drehbewegung fort. Ihr Blick bleibt fest auf die linke Hand gerichtet.

23) Mit ausgestreckten Armen durchqueren Sie wiederum die Sagittalebene.

19–21) Fahren Sie in der Drehbewegung des Oberkörpers über die horizontale Position hinaus fort …

24–27) Fahren Sie in der Drehbewegung fort, indem Sie die Arme einbeugen, bis die linke Hand auf der rechten Schulter und der Handrücken der rechten Hand mit einer kreisförmigen Bewegung auf dem linken Schulterblatt zu liegen kommt.

28

29

30

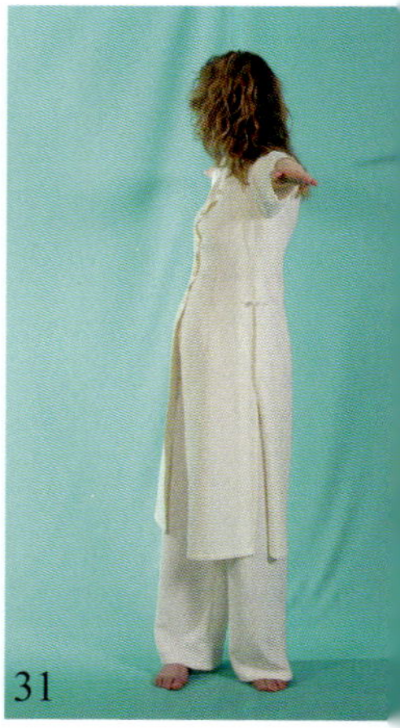
31

28–31) Strecken Sie in einer langsamen Bewegung den linken Arm nach vorne und den rechten Arm nach hinten aus, um in die Sagittalebene zu kommen. Richten Sie den Oberkörper und den Kopf auf. Ihr Blick geht zur rechten Hand.

Achten Sie darauf, dass Ihre Bewegungen rund und fließend sind. Ihre Arme beschreiben kreisförmige Bewegungen im Raum.

2

33

34

32–33) Beginnen Sie nun, den Oberkörper in die entgegengesetzte Richtung zu drehen, bis Sie in der horizontalen Position angekommen sind, in der die Arme seitlich ausgestreckt sind. Wiederholen Sie den vollständigen Zyklus fünf Mal hintereinander.

34) Wenn Sie zum letzten Mal in die horizontale Position zurückgekehrt sind, drehen Sie den Kopf zur Mitte, sodass Ihr Blick gerade nach vorne gerichtet ist, und lassen Sie die Arme seitlich neben dem Körper sinken.

Wenn die Bewegungen im Körper eines Menschen zu verkümmern beginnen, dann verkrusten und erstarren sie in ihm. Wenn die innere Bewegung seiner Emotionen und Gedanken nicht mehr harmonisch ist, dann wird auch sie blockiert und erstarrt in seinem physischen Körper.

Die Bewegungen der euphonischen Gestik des Samadeva und vor allem die sieben höheren Arkanas, die Archetypen therapeutischer und heilender Bewegungen sind, verlangsamen den Prozess, der die Bewegungen des Körpers, der Gefühle und der Gedanken verkümmern lässt, und bringen neue Energie, die eine ausgleichende und erneuernde Wirkung hat.

„Rumi fiel in Ekstase,
und er spürte, wie auch seine Seele sich zu drehen begann.
Er, der noch niemals zuvor getanzt hatte,
der noch niemals zuvor den Sama *praktiziert hatte,*
begann sich im Laden des Goldschmieds zu drehen.
Zum ersten Mal
erkannte er seine Seele,
die aus seinem Körper aufstieg
und ihn zum Himmel emporhob."

IDRIS LAHORE – „Rumi und die Seele der Göttin Samadeva"

ARKANA 7

SAMA

DER TANZ DER PLANETEN

DER TANZ DER PLANETEN

Diese Arkana wirkt in erster Linie ausgleichend auf das Nervensystem und das Hormonsystem. Sie harmonisiert die Psyche und bewirkt körperliches Wohlbefinden, emotionale Reinigung und geistige Klärung.

Sama, die drehende Bewegung oder der wirbelnde Tanz, ist vor allem dank der drehenden Derwische von Konya bekannt.
Der *Sama* wurde ihnen von Rumi gebracht, dem Meister und Begründer ihres Ordens.
Durch den *Sama* tritt man in Resonanz zu der uranfänglichen Bewegung all dessen, was in Bewegung ist, angefangen bei den Planeten bis hin zu den Atomen.
Der *Sama* ist eine Übung, die ein höheres Maß an Intensität, ein höheres Maß an Energie, neue Fülle und neue Lebensfreude bringt.
Es heißt, dass der *Sama* den Körper stärkt, das Herz reinigt und die Gedanken klärt.

1) Entspannen Sie einige Augenblicke in der Grundhaltung.
2) Kreuzen Sie die Arme über der Brust. Ihre Füße stehen geschlossen nebeneinander.
3) Verlagern Sie das Gleichgewicht auf den rechten Fuß. Heben Sie den linken Fuß an und setzen ihn leicht nach rechts versetzt vor dem rechten Fuß wieder ab, wobei die Füße parallel bleiben. Ihr rechter Fuß ist fest im Boden verankert.

7–10) Setzen Sie die Drehung nach rechts fort.

Sie können die Bewegung ganz allmählich beschleunigen, indem Sie keine Vierteldrehungen mehr ausführen, sondern zu halben Drehungen übergehen.

4) Ihr linker Fuß gibt den Impuls zu einer Vierteldrehung nach rechts, während der rechte Fuß vollkommen flach auf dem Boden ruht. Ihr rechter Fuß gleitet einfach, während Sie sich drehen. Er wird niemals angehoben. Der Körper benutzt den rechten Fuß als Achse für seine Drehung.

5–6) Setzen Sie die Drehung nach rechts fort. Der rechte Fuß dreht sich, ruht gleichzeitig aber vollkommen flach auf dem Boden, und der linke Fuß gibt durch Druck den Impuls zu einer Bewegung, die Sie jeweils eine Vierteldrehung nach rechts ausführen lässt.

Der *Sama* wird in mehreren Stufen gelernt, und es ist entscheidend, dass Sie die Reihenfolge der einzelnen Stufen beachten. Besonders wichtig ist, dass Sie Ihr Gleichgewicht finden und dass Ihr rechter Fuß in Berührung mit dem Boden bleibt. Atmen Sie ruhig. Versuchen Sie, innerlich still zu sein. Lernen Sie zunächst, sich ganz bewusst und langsam – wie in Zeitlupe – zu drehen.

Anmerkung: Sie brauchen ausreichend Raum, um den *Sama* zu praktizieren. Achten Sie darauf, dass Gegenstände oder Möbelstücke Sie nicht behindern. Zu Beginn ist es besser, wenn Sie auf einem glatten Boden üben und Filzschuhe oder Ballettschuhe tragen. Achten Sie darauf, dass Sie während der gesamten Dauer der Übung nicht gestört werden.

11

12

11–14) Wenn Sie die halben Drehungen problemlos beherrschen, strecken Sie die Arme aus. Die Innenfläche der linken Hand weist zum Himmel, die Innenfläche der rechten Hand weist zum Boden. Drehen Sie sich in Ihrem eigenen Tempo, das Sie steigern können, bis Sie den Rhythmus gefunden haben, in dem Sie sich wohl fühlen und in dem die Bewegung fließend wird. Lösen Sie den linken Fuß vom Boden, heben ihn an und geben dann den Impuls für die Drehung. Dabei ist wichtig, dass Sie den linken Fuß erst wieder auf dem Boden absetzen, ehe Sie die Drehbewegung ausführen. Führen Sie den linken Fuß über den rechten Fuß, setzen ihn auf dem Boden ab und drehen sich. Führen Sie den linken Fuß wiederum über den rechten Fuß, setzen ihn auf dem Boden ab und drehen sich … Je schneller Sie den linken Fuß vom Boden lösen, umso mehr wird die halbe Drehung zu einer vollständigen, fließenden Drehbewegung.

Anmerkung: Sollten Sie anfangs unter Gefühlen von Schwindel oder Übelkeit leiden, machen Sie eine Pause. Diese Empfindungen verschwinden mit zunehmender Übung. Falls sie es nicht tun, haben Sie entweder ein psychosomatisches Problem oder eine physiologische Krankheit, die der ärztlichen Abklärung bedarf.

13

14

Zu den positiven Wirkungen, die mit der Praxis des *Sama* einhergehen, gehören: Verbesserung des Allgemeinzustandes mit besonderer Wirkung auf alle manifesten Probleme, bedeutendes Heilmittel, psychosomatisches Gleichgewicht, emotionale Befreiung, Verbesserung der Sinneswahrnehmung, Verbesserung der Sexualität, Auflösung von Angstzuständen, Entspannung von Situationen, die als dramatisch empfunden werden, Beruhigung zwischenmenschlicher Beziehungen, Finden von Lösungen, ein inneres Gefühl von Freiheit, Ausweitung der eigenen Kreativität, positive Transformation von Träumen, eine Verstärkung der Intuition und anderer übersinnlicher Fähigkeiten.
Der *Sama* zählt zu den Methoden, die am unmittelbarsten imstande sind, uns von negativen Emotionen und von starren Denkschemata zu reinigen. Für Menschen, denen es möglich ist, ihn zu praktizieren, ist der *Sama* alle Therapien der Welt wert. Für die Derwische bedeutet der *Sama*, die eigenen Probleme hinter sich zu lassen, um sich auf die Stufe ihrer Lösung zu erheben.

Rumi und die Seele der Göttin Samadeva

Rumi galt schon zu Lebzeiten als größter Dichter, Philosoph und Gelehrter der persischen Sprache. Sein religiöser Puritanismus hinderte ihn jedoch lange daran, sich für die vermeintlich oberflächlicheren Formen der Kunst wie Musik, Tanz und Gesang zu interessieren. Eines Tages, als er in den Straßen seiner Heimatstadt Konya spazieren ging, sah er einen Mann, der den *Sama* tanzte, den wirbelnden Tanz der Derwische. Dieser Mann war Schams-i Tabriz, der sein Meister werden sollte. Als er beobachtete, wie Schams sich drehte und seine Tanzübungen praktizierte, fiel Rumi in Ekstase und hatte eine außergewöhnliche Vision: Während Schams sich drehte, sah Rumi, wie eine Tänzerin aus seinem Körper heraustrat, die sich im Laufe des Sama zum Himmel erhob, und Rumi wusste, dass es die Seele von Schams war.

Von diesem Tag an war Rumi zum wirbelnden Tanz der Derwische bekehrt, den er später zum Kern seiner Lehre machen sollte. Rumis ekstatischer Zustand hielt so lange an, dass Schams bereits verschwunden war, ehe er daraus erwachte. Verzweifelt machte Rumi sich auf die Suche nach ihm. Er lief in den Gassen des Basars auf und ab, und als er am Laden eines Goldschmieds vorüberkam, hörte er die hellen Schläge des kleinen Hammers, mit dem das Edelmetall bearbeitet wurde. Er betrat den Laden und erblickte neben dem Goldschmied ein junges Mädchen, das mit dem Hammer einen Gegenstand bearbeitete, den es in Händen hielt.

Als er näher trat, erkannte Rumi, dass sie eine Tänzerin modellierte, die ein vollkommenes Abbild jener Tänzerin war, die er als die Seele von Schams-i Tabriz erkannt hatte. Rumi fiel von neuem in Ekstase, und er spürte, wie auch seine Seele sich zu drehen begann. Er, der noch niemals zuvor getanzt hatte, der noch niemals zuvor den Sama praktiziert hatte, begann sich im Laden des Goldschmieds zu drehen. Zum ersten Mal erkannte er seine Seele, die wie die Seele von Schams aus seinem Körper aufstieg und ihn zum Himmel emporhob. Nachdem Rumi aus seinem Zustand der Ekstase erwacht war, blieb er noch eine Weile bei dem Goldschmied und seiner Tochter. Von ihr erfuhr er, dass sie die Tänzerin Samadeva modellierte, die eine der hinduistischen Göttinnen des Tanzes ist.

Der Legende von Samadeva zufolge ist die Seele des Menschen von Natur aus schön und von Freude erfüllt. Sie ist aber nicht nur im physischen Körper mit all seinen Begrenzungen und Krankheiten gleichsam gefangen, sondern ist auch Gefangene seiner vielen widersprüchlichen und negativen Emotionen. Die Tänze und Übungen des Samadeva vermögen sie zu befreien. Die Gedanken werden klar, die Emotionen positiv, und der Körper erlangt seine Jugendlichkeit und seine Gesundheit zurück.

Dies ist die Geschichte der Tänzerin Samadeva, die von den wandernden Derwischen – den Malamati-Derwischen im südlichen Indien, deren Bruderschaft Schams-i Tabriz angehörte – als Göttin des Tanzes verehrt wird. Die mystischen Tänzer berichten, dass der Tänzer sich durch die Praxis des wirbelnden Tanzes mit der Seele des Tanzes oder mit Samadeva, der Göttin des Tanzes, verbindet.

ERGÄNZENDE

ARKANA

SAPRANA

ENTSPANNUNG

Für jede Form von Aktivität, ob körperlich, geistig oder emotional, brauchen Sie Energie. Damit Sie stets ausreichend Energie zur Verfügung haben, sollten Sie deshalb lernen, sie nicht unnütz zu verbrauchen oder zu vergeuden, insbesondere durch Verspannungen in der Muskulatur. Lernen Sie also, sich mit Hilfe einfacher Übungen im Sitzen oder im Liegen zu entspannen.

Entspannung im Sitzen

Setzen Sie sich bequem auf einen Stuhl oder eine andere Sitzgelegenheit, die es Ihnen erlaubt, eine aufrechte Haltung einzunehmen und beizubehalten. Ihre Hände liegen flach auf den Knien. Sie können den unteren Rücken an die Lehne des Stuhls oder Sessels anlehnen, müssen aber unbedingt darauf achten, dass Ihre Wirbelsäule ohne Zwang oder Anspannung in ihrer aufgerichteten Position bleibt. Ihr Kopf ist die Verlängerung der Wirbelsäule. Die Augen sind geöffnet. Versuchen Sie nun, Gesicht, Nacken und Körper zu entspannen.

Um die Augen zu entspannen, versuchen Sie Ihre Augen möglichst intensiv wahrzunehmen, so als wollten Sie in sie hineingelangen. Seien Sie in Ihren Augen anwesend, spüren Sie sie und nehmen Sie sie wirklich wahr. Nun können Sie Ihre Augen und auch Ihre Augenmuskulatur entspannen. Die Augen bleiben offen, sind aber nicht fest auf einen Gegenstand gerichtet.

Um die Gesichtsmuskulatur zu entspannen, lenken Sie Ihr Bewusstsein nun auf Ihr Gesicht. Entspannen Sie nach und nach alle Bereiche des Gesichts: Augen, Nase, Ohren, Mund, Wangen, Ober- und Unterkiefer, und so fort.

Um Nacken, Schultern und Hände zu entspannen, spüren Sie zunächst die Nackenmuskulatur und lassen Sie sie anschließend los. Spüren Sie die rechte Schulter, und lassen Sie zu, dass sie entspannt. Fahren Sie dann mit der linken Schulter, der rechten Hand und schließlich der linken Hand fort. Spüren Sie jeden Muskel, und lassen Sie anschließend zu, dass er entspannt.

Richten Sie Ihr Bewusstsein nun auf die Muskulatur des Brustkorbs und des Zwerchfells, und lassen Sie sie los.

Entspannen Sie Ihre Bauchmuskulatur. Nehmen Sie wahr, dass Ihre Atmung voller, tiefer und langsamer wird. Ein Gefühl innerer Ruhe stellt sich ein. Gehen Sie weiter zum rechten Bein, und entspannen Sie alle Muskeln vom Oberschenkel bis zum Fuß. Zum Schluss folgt das linke Bein.

Führen Sie diese Entspannungsübung sehr langsam durch, sodass Sie jeden Teil Ihres Körpers wirklich spüren können. Nehmen Sie die Entspannung wahr, die sich einstellt und Ihnen das Gefühl gibt, dass Ihr gesamter Körper entspannt und gelöst ist. Spüren Sie Ihren Körper und sein Gewicht. Seien Sie in Ihrem Körper anwesend, und seien Sie sich Ihres Körpers bewusst.

Wenn Sie die Übung ein zweites Mal durchführen, stellen Sie sich vor, dass Sie noch tiefer in jeden Teil Ihres Körpers eindringen, bis hin zum Nervensystem und zum Blutkreislauf. In bestimmten Teilen Ihres Körpers werden Sie ein Gefühl der Wärme oder ein Kribbeln spüren.

Um die Entspannungsübung zu beenden, atmen Sie mehrere Male tief ein und aus.

Anmerkung: Diese Übung können Sie jeden Tag praktizieren. Sie brauchen etwa drei bis vier Wochen, bis es Ihnen gelingt, sie korrekt auszuführen. Wenn Sie mit der Übung vertraut geworden sind, können Sie ihre Dauer verkürzen, ohne dass sie ihre positiven Wirkungen einbüßt.

Entspannung im Liegen

Kommen Sie in die Rückenlage. Die Beine sind ausgestreckt. Legen Sie ein kleines Kissen unter den Kopf, damit Nacken und Wirbelsäule sich in einer Linie befinden. Die Arme liegen ausgestreckt neben dem Körper, und die Innenflächen der Hände weisen nach unten.

Beginnen Sie mit der Übung, indem Sie die Gesichtsmuskulatur entspannen: die Stirn, die Augenlider und die Wangen, Ober- und Unterkiefer, den Mund, der sich leicht öffnen kann, die Zunge ... Ihr ganzes Gesicht ist entspannt. Entspannen Sie auch die Muskulatur von Hals und Nacken.

Konzentrieren Sie sich nun auf Ihren rechten Arm. Entspannen Sie die rechte Schulter, die Muskulatur des Oberarms, des Unterarms, der Hand und der Finger. Ihr gesamter rechter Arm ist nun entspannt.

Gehen Sie weiter zum linken Arm. Entspannen Sie die linke Schulter, die Muskulatur des Oberarms, des Unterarms, der Hand und der Finger. Beide Arme ruhen nun entspannt auf dem Boden.

Konzentrieren Sie sich nun auf Ihren Rücken. Mit welchen Punkten berührt die Wirbelsäule den Boden? Entspannen Sie die Muskulatur entlang der gesamten Wirbelsäule.

Entspannen Sie nun die Muskulatur des Brustkorbs, des Bauchraums und des Unterleibs. Ihre Atmung wird langsam, ruhig und tief.

Konzentrieren Sie sich auf Ihr rechtes Bein. Entspannen Sie die Muskulatur von Gesäß, Oberschenkel, Wade und Fuß.

Gehen Sie nun weiter zum linken Bein, und entspannen Sie auch hier die Muskeln von Gesäß, Oberschenkel, Wade und Fuß.

Ihr ganzer Körper ist nun locker und liegt vollkommen entspannt auf dem Boden. Es ist möglich, dass Sie von einem Gefühl der Ruhe, des Friedens und der Harmonie durchströmt werden und dass dieses Gefühl Sie auch nach dem Ende der Entspannungsübung weiterhin begleitet.

Sie können mit der Übung fortfahren, bis Sie ganz allmählich in den Schlaf gleiten. Sie können aber auch beschließen, die Übung zu beenden, indem Sie einige Male tief ein- und ausatmen. Bewegen Sie anschließend die Finger und die Zehen, und strecken Sie sich genüsslich wie nach einem guten Schlaf, um Ihre Muskulatur wieder wach und aktiv werden zu lassen.

Öffnen Sie die Augen, und kehren Sie mit Freude in die Wirklichkeit zurück, die Sie umgibt. Sie sind erholt und von Lebenskraft erfüllt.

Durch die regelmäßige Praxis dieser Entspannungsübung speichern Sie ein hohes Maß an bewusster innerer Energie an.

ERGÄNZENDE ARKANA

DHYANA MEDITATION

Die Meditationshaltung

Gehen Sie in einen Fersensitz, in dem die Knie leicht gespreizt und in einer tieferen Position sind als das Becken (wie auf dem nebenstehenden Photo). Wölben Sie den unteren Rücken leicht nach vorne, um die Aufrichtung der Wirbelsäule zu gewährleisten, aber ohne die Muskulatur anzuspannen. Um den richtigen Sitz zu finden, können Sie leicht vor- und zurückwippen und die Bewegung langsam zur Ruhe kommen lassen, bis Sie eine bequeme, aber dennoch feste Haltung gefunden haben. Der Nacken ist gerade und leicht gedehnt, und das Kinn ist ein wenig nach unten geneigt. Schließen Sie die Augen. Entspannen Sie die Augenmuskulatur und das Gesicht. Entspannen Sie Kiefergelenke und Lippen, so als ob Sie ein inneres Lächeln auf den Lippen hätten. Legen Sie die Hände ineinander. Schultern und Arme sind entspannt. Finden Sie ein Maß an Körperspannung, das so gering wie möglich ist, ohne zu verkrampfen. Kommen Sie ins Gleichgewicht, und finden Sie das richtige Maß an Aufrichtung, ohne dass Ihre Haltung starr ist. Der Sitz ist fest, aber dennoch biegsam, aufgerichtet und lebendig. Er ist nicht schlaff, aber auch nicht gezwungen.

Atmen Sie aus dem Bauchraum: Zentrieren Sie sich bei der Ausatmung, die langsam und tief, aber nicht gezwungen ist. Die Einatmung erfolgt natürlich und tief. Die Ausatmung dauert doppelt so lange wie die Einatmung, und zwischen Ein- und Ausatmung liegt eine Pause von zwei Sekunden.

Halten Sie in der Meditation Ihre Aufmerksamkeit auf den Atem gerichtet, und achten Sie darauf, dass Sie sich möglichst nicht bewegen. Sollten Gedanken oder Gefühle aufkommen, lassen Sie sie wie Wolken am Himmel vorüberziehen, ohne ihnen zu folgen, und kehren Sie mit der Aufmerksamkeit immer wieder zum Atem zurück.

Nach der Meditation drehen Sie den Kopf sanft nach links und rechts, reiben die Hände aneinander und wippen leicht nach links und rechts, vorne und zurück. Beugen Sie sich dann nach vorne, lösen die Beine, bewegen die Gelenke ein wenig und stehen schließlich auf, um einige Schritte zu gehen.

Anmerkung: Praktizieren Sie diese Meditationsübung ein bis drei Mal am Tag für etwa zwanzig Minuten.

Atemachtsamkeit während der Meditation

Um sich während der Meditationssitzung Ihrer Atmung stärker bewusst zu sein, können Sie die Atemluft mit sanftem Druck am Kehlkopf vorbeiführen. Dies erzeugt einen leisen, aber kontinuierlichen Ton, der während der gesamten Dauer der Ausatmung in ein leises Summen übergeht. Ihre Atmung wird langsamer und tiefer, und Ihre Konzentration verbessert sich, wenn Sie auf den Fluss des Atems im Kehlkopf und das damit verbundene leise Geräusch achten. Sie können diese Form der Atmung zu Beginn der Meditation ein wenig intensiver praktizieren und im Verlauf der Meditation leiser werden lassen.

Verbesserung der Konzentration

Richten Sie die Aufmerksamkeit auf Ihr Vitalzentrum, auf das so genannte Hara. Es befindet sich einige Zentimeter unterhalb des Nabels. Sie können spüren, an welchem Punkt der Ausatmung das Hara sich verhärtet. Dies kann Ihnen helfen, Ihre Konzentration zu verbessern. Wenn Sie zu Beginn der Ausatmung gleichzeitig die Schultern entspannen und sich nach unten sinken lassen, so als wollten Sie sich bequemer hinsetzen, dann haben Sie die richtige Position gefunden. Entspannen Sie die Schultern, und lassen Sie sich sinken. Dabei ist der Nacken leicht gestreckt, das Kinn ein wenig nach unten geneigt, und der Scheitelpunkt des Kopfes strebt zum Himmel. Dann scheint der Ausatem noch tiefer in den unteren Bauchraum zu strömen, was dazu führt, dass der Bauch nach innen gezogen wird und sich leicht anspannt. Es ist wichtig, dass Sie jeden Zwang vermeiden. Atmen Sie möglichst vollständig aus, aber ohne Zwang, und lassen Sie zu, dass der Einatem natürlich kommt, ohne ihn zu erzwingen.

Das Bewusstsein des Selbst direkt erfahren

Der normale Bewusstseinszustand des Menschen ist von seinen Gedanken geprägt, und für gewöhnlich glaubt er, diese Gedanken zu sein. Er verwechselt sich selbst mit seinen Gedanken. Er ist seine Gedanken und nicht derjenige, der denkt. Solange der Mensch in diesem Zustand verharrt, ist er außerstande, auf eine höhere Ebene zu gelangen. Er muss die Ebene seiner unaufhörlich strömenden Gedanken verlassen und zu dem Denker hinkommen, der von seinen Gedanken losgelöst ist. Das Ziel der Meditation ist es, dieses Bewusstsein des Selbst direkt zu erfahren. Das Ich wird sich seiner selbst bewusst und erkennt, dass es von seinen Gedanken losgelöst ist. Indem es die Stufe des gewöhnlichen, mechanischen Denkens hinter sich lässt, erhebt es sich selbst auf die Stufe des Bewusstseins.

Wir wissen, dass es unmöglich ist, den unaufhörlichen Strom der Gedanken einfach abzustellen und direkt ins Bewusstsein einzutreten, weil unsere Gedanken wie eine Barriere zwischen dem Selbst und dem Geist sind. Deshalb müssen wir über sie hinausgelangen, sie gleichsam „transzendieren", ohne sie zu unterdrücken. Die Techniken der Meditation machen es möglich.

Während der Meditation ist es wichtig, dass Sie Ihre innere Aufmerksamkeit auf ein anderes Ziel als auf den Willen des Egos lenken. Ihr Geist muss innerlich empfänglich werden und aufhören, sich in all den Dingen zu verlieren, die von den Sinnesreizen der äußeren Welt zu Ihnen vordringen. Bringen Sie das Geschwätz Ihrer Gedanken zum Stillstand, um zu hören … Sollten Gedanken aufkommen, so spielt dies keine Rolle, solange Sie ihnen nicht folgen. Ein ausreichendes Maß an Praxis gibt Ihnen somit die Möglichkeit, ganz natürlich auf eine höhere Ebene des Bewusstseins zu gelangen. Dies lässt sich aber nicht erzwingen, sondern geschieht ganz einfach, indem Sie sich auf Ihren Atem konzentrieren.

ARKANA
DER SEXUALITÄT

OM SAMADEVA

1) Gehen Sie in einen aufrechten Sitz, in dem die Beine unter dem Körper eingebeugt sind und Sie auf den Fersen sitzen. Fassen Sie das rechte Handgelenk mit der linken Hand. Halten Sie den Kopf gerade in der Verlängerung der Wirbelsäule.

2) Lassen Sie den Kopf sinken, und neigen Sie dabei die linke Wange in Richtung der linken Schulter. Tönen Sie gleichzeitig die Silbe *OM*.

Wenn diese besondere Arkana regelmäßig, aber nicht übermäßig praktiziert wird, bewirkt sie eine Harmonisierung aller körperlichen, emotionalen und mentalen Funktionen, die mit der Sexualität zu tun haben. Ihre sanfte Wirkung auf das *Latifa Lalana* Chakra und das *Binduvisarga* Chakra bringt das Sexualzentrum wieder in ein Gleichgewicht. Je nach Erfordernis führt dies entweder zu einer Beruhigung oder aber zu einer Stimulierung der Sexualfunktionen.

Neben den sieben Chakras, mit denen wir uns bereits näher befasst haben, gibt es noch eine ganze Reihe weiterer Chakras, die im ganzen menschlichen Organismus verteilt sind. Das achte Chakra, *Latifa Lalana*, haben wir bereits erwähnt. Es ist das Chakra, in dem das „Elixier des langen Lebens" erzeugt wird. *Binduvisarga*, das neunte Chakra, liegt am Hinterkopf. Wie *Latifa Lalana* ist auch *Binduvisarga* von großen Geheimnissen umgeben, weil es mit der Produktion des männlichen Samens assoziiert wird (*bindu* bedeutet „Samentropfen").

5

6

3–4) Drehen Sie den Kopf nun in einer halbkreisförmigen Bewegung zur rechten Schulter, und tönen Sie gleichzeitig die Silben *SAMA*.

5) Richten Sie den Kopf wieder gerade auf, und tönen Sie dabei die Silbe *DE*.

6) Senken Sie den Kopf nun nach vorne, in Richtung des Herzens, und tönen Sie dabei die Silbe *VA*.

Das *Binduvisarga* Chakra wird auch als Somachakra bezeichnet. *Latifa Lalana* und *Binduvisarga* stehen in einer sehr engen Beziehung zum zweiten Chakra, dem Sexualzentrum, und sind für eine harmonische Verteilung der Sexualenergie nicht nur im physischen Körper, sondern auch auf der Ebene des Fühlens und Denkens verantwortlich. Die meisten Probleme, die mit Sexualität zu tun haben – wie etwa Impotenz, Frigidität oder Sterilität –, sind auf ein Übermaß oder einen Mangel an Energie im zweiten Chakra zurückzuführen.

Ein energetisches Ungleichgewicht im *Latifa Lalana* Chakra führt zu Disharmonie bei Emotionen und Gefühlen, die mit Sexualität zu tun haben, wie etwa Eifersucht oder Gleichgültigkeit. Ein energetisches Ungleichgewicht im *Binduvisarga* Chakra führt zu Problemen bei Gedanken und Verhaltensweisen, die mit Sexualität zu tun haben, wie etwa Zwangsvorstellungen, Obsessionen oder Exhibitionismus.

Der Ursprung der Arkana der Sexualität

Die Arkana der Sexualität stammt ursprünglich aus dem Taoismus. Die weisen Männer im frühen China betrachteten sie als die Übung der Langlebigkeit schlechthin: Ihnen zufolge sollte jeder Monat, in dem diese Arkana regelmäßig praktiziert wurde, das Leben um ein ganzes Jahr verlängern. Sie erlaubte es dem Übenden, *Te* – die universelle Energie – in sein Sexualzentrum hineinzulenken, wo *Te* sich mit *Qi* – der Vitalenergie des Menschen – vereint. Zu dieser Übung gehörten zwingend eine Atemübung, die nur Eingeweihten offenbart wurde, und eine Vokalübung, die aus der Wiederholung heiliger Silben bestand.

Die Atemübung, die ausschließlich von den Meistern praktiziert wurde, bestand darin, mit Hilfe heiliger Silben, die im Kehlkopf eine Schwingung erzeugen, der eingeatmeten Luft die darin enthaltene feinstoffliche Substanz – den *prana* des *Te* – zu entziehen und in das *Latifa Lalana* Chakra hineinzulenken. Der *prana* des *Te* wurde entlang der Wirbelsäule zum zweiten Chakra weitergeleitet, wo er bei Berührung mit dem *Qi* – der sexuellen Energie – einen alchemistischen Prozess der Transformation durchlief, bevor er zum neunten Chakra, dem *Binduvisarga* Chakra, am Hinterkopf gelenkt wurde.

Der taoistischen Tradition zufolge führte dies zur Geburt eines zweiten, feinstofflichen und energetischen Körpers, der den physischen Körper ganz allmählich ersetzen sollte. Weil er nicht irdischer und materieller Natur war, wurde dieser zweite Körper als unsterblich betrachtet. Später wurden diese Techniken von den meisten der großen spirituellen Strömungen des Fernen

Ostens und des Nahen Ostens übernommen. Spuren davon finden sich in den Mantras des hinduistischen Vedanta, in den Wiederholungen des buddhistischen Nembutsu und im Herzensgebet christlich-orthodoxer Mönche ebenso wie im Dhikr der Sufis.

Über die Malamati-Derwische, die von Indien über Pakistan und Afghanistan in den Iran einwanderten, gaben die weisen Meister der *Sarmoun* diese Techniken an die muslimischen Sufis und vor allem an die Bruderschaft der Kwajagan weiter, der Bahauddin Naqshband aus Buchara angehörte. Bahauddin ist der Gründer des Sufi-Ordens (Tariqa) der Naqshbandi, der einen sehr großen Einfluss auf alle Kulturen des Nahen Ostens ausgeübt hat.

Jede dieser unterschiedlichen Strömungen hat die ursprüngliche Technik der taoistischen Meister merklich verändert, um sie nicht nur an die Eingeweihten anzupassen, sondern an alle Menschen, die den Wunsch hatten und fähig waren, die Mühe dieser Praxis auf sich zu nehmen. Auch im vorliegenden Buch wird diese Übung in einer Form vorgestellt, die an den modernen Menschen von heute angepasst ist.

DAS HERZSTÜCK DER EUPHONISCHEN GESTIK DES SAMADEVA

DIE „MUSTERSTUNDE“

Die zutiefst harmonisierenden, strukturierenden und therapeutischen Wirkungen, die eine regelmäßige Praxis der sieben höheren Arkanas mit sich bringt, sind noch weit stärker und verblüffender, wenn sie im Rahmen einer so genannten „Musterstunde“ praktiziert werden.

Die „Musterstunde“, das Herzstück der euphonischen Gestik des Samadeva

Die „Musterstunde“ stellt das Herzstück der euphonischen Gestik des Samadeva dar, und sie ist so aufgebaut, dass sie auf die grundlegenden Bedürfnisse der Menschen von heute eingeht.

Eine regelmäßige Praxis der sieben höheren Arkanas im Rahmen der Musterstunde verstärkt nicht nur deren positive Wirkungen auf einer körperlichen, psychologischen und energetischen Ebene, sondern gibt uns auch die Möglichkeit, uns selbst näher und dadurch mit unserem wahren Sein und der inneren Weisheit in Kontakt zu kommen, die wir fast immer im Keim ersticken, indem wir uns mit unseren Emotionen, mechanischen Gedanken und Handlungen identifizieren, oder der wir mit Geschäftigkeit oder durch unser Streben nach allen möglichen oberflächlichen Dingen zu entfliehen versuchen.

Eine Musterstunde, die eine Stunde und fünfzehn Minuten dauert, besteht aus neun Phasen:

Die neun Phasen der Musterstunde

- Um die Kraft der Ruhe wiederzuerlangen, beginnt die Stunde mit einer fünfminütigen kurzen Stille, in der Sie unbeweglich sitzen und sich auf Ihren Atem zentrieren.

- Übungen zur Entspannung des Nackens und eine energetische Übung für die Hände.
- Dehnübungen, verbunden mit einer speziellen Atemtechnik.
- Dynamische Bewegungen, die Ihnen helfen sollen, die Aufmerksamkeit auf Rhythmus, Koordination und Raumgefühl gleichzeitig zu richten.
- Die sieben höheren Arkanas.
- Meditative Bewegungen (langsam ausgeführte Bewegungen, mit denen Sie die Buchstaben des Alphabets in den Raum schreiben).
- Eine fünfminütige sitzende Meditation, in der Sie sich wiederum auf Ihren Atem konzentrieren.
- Eine Arkana der Entspannung.
- Einen Raum von etwa zehn Minuten, falls möglich, der dem Austausch gewidmet ist, jeden Menschen und seine persönlichen Wesensmerkmale achtet und als „Kreis der Achtung“ bezeichnet wird.

Wenn Sie die sieben höheren Arkanas regelmäßig im Rahmen einer Musterstunde praktizieren, dann werden Sie schon bald ihre in höchstem Maße harmonisierenden, strukturierenden und therapeutischen Wirkungen erfahren.

INDIKATIONEN UND KONTRAINDIKATIONEN

Idris Lahore

Die euphonische Gestik des Samadeva vereint sehr viele Techniken, was ihre Bedeutung als therapeutisches Werkzeug sowohl auf physischer als auch auf psychologischer Ebene deutlich macht. Die Vielfältigkeit der Übungen erlaubt es, sie äußerst flexibel an persönliche Indikationen und Kontraindikationen des Praktizierenden anzupassen.

Die Indikationen und Kontraindikationen sollten stets so angegeben werden, dass die Übungen entsprechend der persönlichen Situation jedes Praktizierenden und seiner jeweiligen Erkrankung präventiv, kurativ oder palliativ eingesetzt werden können.

Zu den möglichen Indikationen zählen unter anderem:

INDIKATIONEN

- Knochen- und Gelenkserkrankungen (Rückenschmerzen, rheumatische Erkrankungen) unter Berücksichtigung möglicher Vorsichtsmaßnahmen und Kontraindikationen.
- Herz-Kreislauf-Erkrankungen (Gefäßprobleme, Rhythmusstörungen, Bluthochdruck).
- Erkrankungen des Nervensystems und Verhaltensstörungen (Nervosität, Neigung zu Krämpfen, Konzentrationsschwierigkeiten, Depressionen, Angst).
- Erkrankungen im Bereich von Hals, Nase, Ohren und Atemwegen (Probleme, die zu einem chronischen Verlauf neigen, wie etwa Rhinitis, Allergien oder Asthma).
- Gynäkologische und schwangerschaftsbedingte Erkrankungen, vor allem hormonelle Funktionsstörungen. Bestimmte

Übungen können auch im Rahmen der Geburtsvorbereitung genutzt werden.

- Erkrankungen des Magen-Darm-Trakts und insbesondere alle Probleme, die eine psychosomatische Komponente haben, vom Magengeschwür bis zu Gastritis, Enterokolitis oder Reizdarmsyndrom.
- Schwere Krankheitsbilder (z. B. Krebs- oder Autoimmunerkrankungen). Hier kann die euphonische Gestik des Samadeva als begleitende oder ergänzende Therapieform eingesetzt werden.

KONTRAINDIKATIONEN

Die euphonische Gestik des Samadeva stellt aus psychosomatischer Sicht eine Verbindung höchst wirksamer Techniken dar, hat aber dennoch einige Kontraindikationen, die es zu beachten gilt. Dazu zählen vor allem die Epilepsie, die Parkinson-Krankheit, die Menière-Krankheit, bestimmte Herz-Kreislauf-Erkrankungen, bestimmte rheumatische Erkrankungen und Infektionskrankheiten sowie auch bestimmte psychiatrische Erkrankungen. In allen diesen Fällen ist unbedingt die Erlaubnis des behandelnden Arztes einzuholen. Einige Übungen können praktiziert werden, andere Übungen sind auf jeden Fall zu vermeiden.

Zu den zeitlich begrenzten Kontraindikationen zählen unter anderem: eine Schwangerschaft im fortgeschrittenen Stadium, ein kürzlich erlittener Herzinfarkt sowie chirurgische Eingriffe, die innerhalb der letzten sechs Monate erfolgt sind.

DIE EUPHONISCHE GESTIK DES SAMADEVA

PHÄNOMENOLOGIE

Idris Lahore

Die regelmäßige Praxis der euphonischen Gestik des Samadeva kann eine Reihe unterschiedlicher Phänomene hervorrufen. Dazu gehören unter anderem:

- Eine emotionale Befreiung in psychomotorischer Form, die sich durch Lachen oder Weinen äußern kann, oder ein Wegfall von Hemmungen, der mit überschwänglichen Bewegungen verbunden ist und insbesondere bei schüchternen Menschen auftritt. Im Laufe der Praxis lassen diese Erscheinungen aber meist nach, um in einen zunehmend harmonischen und ruhigen Ausdruck überzugehen.

- Schmerzunempfindlichkeit: Bestimmte Bereiche des Körpers sind nicht mehr schmerzempfindlich. Anhaltende oder sogar intensive körperliche Anstrengung wird als positiv empfunden und steigert das Gefühl von Freude oder Wohlbefinden (vgl. Endorphine).

- Ein nach innen gerichteter Blick, der typisch ist für religiöse, rituelle oder künstlerische Zustände der Ekstase.

- Künstlerische Selbstdarstellung als eine typische Begleiterscheinung der choreographischen Ausdrucksform existenzieller oder stark emotionaler Situationen.

- Eine verzerrte Zeitwahrnehmung in dem Sinne, dass der Praktizierende beispielsweise glaubt, es seien nur wenige Minuten vergangen, während er in Wirklichkeit anderthalb Stunden lang praktiziert hat.

- Eine verzerrte Raumwahrnehmung in dem Sinne, dass der Raum größer wird, verbunden mit einer gleichzeitigen Veränderung der Wahrnehmung des eigenen Körpers (größer, kleiner, leichter, usw.).
- Eine ohne Hypnose hervorgerufene Regression des Gedächtnisses, bei der Kindheitserinnerungen aufsteigen, die, wenn sie positiv sind, oft das Gefühl von Wohlbefinden verstärken und, wenn sie negativ sind, oft als Befreiung empfunden werden.
- Wachträume, die immer mit einer harmonisierenden und beruhigenden Wirkung einhergehen und von den Praktizierenden oft als „wunderbar“ beschrieben werden.
- Wahrnehmung von Farben und Licht oder Selbstwahrnehmung wie in den Erfahrungen der Tiefenentspannung im Autogenen Training oder in der Zen-Meditation.

FÖRDERN SIE IHRE GESUNDHEIT

EINIGE PRAKTISCHE RATSCHLÄGE

Idris Lahore

Um in guter körperlicher Verfassung zu bleiben, ist es sehr wichtig, dass Sie sich regelmäßig bewegen. Kleinere tägliche Anstrengungen sind dazu weit besser geeignet, als gelegentliche Höchstleistungen vollbringen zu wollen.

Unsere körperlichen Übungen können sowohl von jungen, kräftigen Menschen als auch von älteren oder geschwächten Menschen praktiziert werden. Man kann sie jederzeit an den Zustand desjenigen anpassen, der sie praktiziert.

Denken Sie so oft wie möglich daran, sich zu entspannen

Versuchen Sie auch in Ihrem Alltag stets die richtige Körperhaltung einzunehmen, und zwar unabhängig davon, ob Sie gerade stehen, sitzen, liegen oder gehen. Seien Sie stets darum bemüht, sich zu entspannen, und achten Sie möglichst oft darauf, dass Ihr Gesicht glatt und entspannt und Ihre Kiefermuskulatur locker ist. Denken Sie so oft wie möglich daran, den Rücken, die Hände, Finger und Handflächen zu lockern. Entspannen Sie sich so oft wie möglich. Je mehr Sie sich entspannen, umso mehr nimmt Ihre Energie zu. Außerdem trägt die Entspannung auch zu einer besseren Durchblutung des gesamten Körpers bei.

Achten Sie auf die Qualität Ihres Schlafs

Für die Erholung von Psyche und Körper ist die Qualität unseres Schlafs von entscheidender Bedeutung. Gleichzeitig gibt Schlaf unserem Unbewussten jedoch die Möglichkeit, in Form von Träumen verschiedene Botschaften an unser bewusstes Ich zu übermitteln. Auf diese Botschaften sollte jeder Mensch achten, da sie für unseren Alltag mitunter eine äußerst wertvolle

Führung darstellen können. Träume treten in bestimmten Phasen des Schlafs auf. Sie regulieren und reinigen unser Bewusstsein. Bei einem Menschen, der meditiert, bedürfen sie keiner Interpretation, auch wenn er ihnen in ihrer Eigenschaft als Werkzeug der Beobachtung trotzdem große Bedeutung beimessen muss.

Die Wissenschaft hat uns gezeigt, dass unser Gehirn im Schlaf nicht vollständig zur Ruhe kommt, dass wir aber umso stärker dazu neigen, in Schlaf zu versinken, je stärker die Aktivität des Gehirns sich verlangsamt … es sei denn, dass es uns gelingt, in der Sitzhaltung der Meditation den Nacken in der Verlängerung der Wirbelsäule gerade zu halten. Sobald der Kopf und der Nacken sich allerdings nach vorne neigen, laufen wir große Gefahr, dass wir vom Schlaf übermannt werden, und zwar sogar in der Meditation!

Um unsere körperliche und psychologische Gesundheit zu bewahren, ist guter Schlaf unerlässlich. Unglücklicherweise leiden heute immer mehr Menschen an Schlaflosigkeit. Wie Stress und Nervosität ist auch sie eine Geißel unserer modernen Zivilisation. Wir wissen, dass ohne erholsamen Schlaf unser gesamtes Nervensystem in Mitleidenschaft gezogen ist, und wenn unser Nervensystem aus dem Gleichgewicht gerät, können wir nicht in Frieden leben.

Ursachen für Schlafstörungen

Zu den Hauptursachen für Schlafstörungen gehören durch Sorgen und Ängste ausgelöste nervöse und psychologische Spannungszustände, ungelöste Probleme, übermäßiger Konsum von Kaffee und Tee, zu spätes Essen, Mangel an körperlicher Bewegung, Lärm und Aufregung, geistige Überforderung, Fernsehen, Radio, zu laute Musik vor dem Schlafengehen, sexuelle Unausgeglichenheit, oberflächliche oder falsche Atmung und die Qualität der Matratze, die oft zu weich ist.

Einen gesunden Schlaf fördern

Wir können einen guten Schlaf fördern, indem wir nach neunzehn Uhr nichts mehr essen und Kräutertees mit leicht beruhigender Wirkung trinken, wie beispielsweise Baldrian, Passionsblume, Orangenblüten oder Lindenblüten. Auch leichte körperliche Bewegung ist gut geeignet. Dies kann ein regelmäßiger Abendspaziergang, leichte Gartenarbeit oder leichte Hausarbeit sein. Atemübungen, insbesondere die tiefe Bauchatmung, oder Entspannungstechniken vor dem Schlafengehen tragen ebenfalls zu einem gesunden Schlaf bei.

Die Qualität unserer Ernährung

Die Qualität unserer Ernährung spielt ebenfalls eine wichtige Rolle. Die meisten Menschen in unserer Gesellschaft sind überernährt. Deshalb müssen Sie, wenn Sie Ihre Gesundheit verbessern oder bewahren wollen, weniger essen. Übermäßiges Essen belastet den Magen, den Darm und die Leber, die infolgedessen zusätzliche Energie für die Verdauung brauchen, die dann für die geistigen Dinge des Lebens fehlt. Die erste Regel lautet, dass Sie moderat essen sollten, und die zweite Regel lautet, dass Sie alle Speisen gut kauen sollten, was sie leichter verdaulich macht. Die dritte Regel lautet, dass Sie nach neunzehn Uhr nichts mehr essen sollten. Die vierte Regel lautet, dass Sie Ihre Nahrungsmittel sehr sorgfältig auswählen sollten. Sie sollten bevorzugt aus biologisch oder biodynamisch erzeugtem Gemüse und Getreide, regionalem Obst, Joghurt und biologisch erzeugtem und kalt gepresstem Pflanzenöl bestehen. Meiden Sie Süßigkeiten, weißen Zucker, Schokolade, Nahrungsmittel aus Konservendosen und industriell erzeugte Lebensmittel. Milchprodukte und Eier sollten Sie nur beschränkt verzehren. Was den Verzehr von Fleisch angeht, so sollten Sie möglichst darauf verzichten, wenn es Ihnen nicht zu schwer fällt. Die fünfte Regel lautet, dass Sie auf chemische Medikamente, Kaffee, Zigaretten, Alkohol, und andere Drogen möglichst verzichten sollten.

Was Sie meiden sollten

Unsere Nahrung sollte in erster Linie als Mittel betrachtet werden, um die Funktionsfähigkeit aller Zellen, Organe und Gewebe des Körpers zu bewahren. Deshalb sollten Sie jede psychologische Abhängigkeit von bestimmten Dingen wie Wein, Bier, Schokolade oder Kuchen meiden, weil Ihr Körper Ihnen erst dann wieder zeigen kann, welche Nahrung für seine Bedürfnisse am besten geeignet ist.

Leicht essen

Sie sollten erkennen, dass der Mensch seine wahre Energie nicht aus der Nahrung bezieht, die er isst, sondern aus dem Geist. Es ist wichtig, sich ausreichend zu ernähren, sofern Sie die obigen Regeln einhalten. Da alle Menschen verschieden sind, sollte jeder diese Regeln ernsthaft prüfen, um sie bestmöglich anzuwenden.

Es ist empfehlenswert, täglich zwei bis drei Liter zu trinken. Dazu eignen sich vor allem klares Wasser, Kräutertees, Früchtetees, Fruchtsäfte und Gemüsesäfte.

Ausreichend trinken

Fasten sollte nicht als Askese praktiziert werden, sondern mit dem Ziel, den Körper zu reinigen. Ein Tag in der Woche ist ideal. Essen Sie an diesem Tag nichts, sondern trinken Sie nur Wasser oder Kräutertee. Falls Sie geschwächt sind oder zu Schwindel oder Kreislaufstörungen neigen, dann kann ein Tag in der Woche, an dem Sie nur Obst essen oder frischen Gemüsesaft trinken, den Fastentag ersetzen. Wenn Sie über einen längeren Zeitraum fasten wollen, sollten Sie vorher mit Ihrem behandelnden Arzt sprechen.

Fasten

Es ist ratsam, möglichst nur Kleidung aus natürlichen biologischen Materialien zu tragen, die an die jeweilige Jahreszeit angepasst ist. Ziehen Sie sich bei kaltem Wetter warm an, besonders im Bereich von Hals und Nacken. Gehen Sie niemals mit frisch gewaschenen Haaren in die Kälte hinaus. Achten Sie darauf, dass Ihre Füße stets warm sind, und vermeiden Sie Zugluft.

Zum Schluss sollten Sie erkennen, dass die Fülle des Lebens nur von den Menschen erfahren werden kann, denen es gelingt, ein Gleichgewicht zwischen Aktivität und Erholung, Essen und Trinken, Wärme und Kälte zu finden.

FORMEN SIE IHRE SEELE

Einige grundsätzliche Ratschläge

Idris Lahore

Leben Sie stets in Frieden mit sich selbst und mit anderen Menschen

Dieses Kapitel soll Ihnen einige grundsätzliche Ratschläge geben, die sehr hilfreich sein können, wenn es darum geht, Ihre Seele zu formen. Versuchen Sie, stets in Frieden mit sich selbst und mit anderen Menschen zu leben. Tun Sie alles, was in Ihrer Macht steht, um anderen Menschen zu vergeben und sich mit ihnen zu versöhnen. Dazu gehört auch, dass Sie versuchen, andere Menschen zu lieben, und sich so verhalten, dass Sie von anderen Menschen geliebt werden. Seien Sie anderen Menschen und sich selbst gegenüber wirklich tolerant. Hören Sie auf, aus allem ein Problem zu machen. Sorgen Sie vielmehr dafür, dass alles im Fluss ist. Nehmen Sie das Leben ernst, nicht jedoch seine Schwierigkeiten, und nehmen Sie es niemals tragisch.

Lernen Sie, loszulassen

Ein Prinz, der eine Leidenschaft für extravagante Dinge hatte, rief eines Tages alle seine Berater zu sich.

„Ich habe von einem Ring geträumt", sprach er zu ihnen, „der die Fähigkeit besitzt, mich fröhlich zu stimmen, wenn ich traurig bin, aber auch ein wenig traurig, wenn ich fröhlich bin."

Der Prinz verlangte, dass man ihm einen solchen Ring anfertigen solle.

Weder die Berater und Minister des Prinzen noch die Juweliere und Goldschmiede wussten, wie sie zu Werke gehen sollten. Deshalb bat man einen Derwisch um Rat, der für seine Weisheit bekannt war. Der Derwisch nahm einen einfachen goldenen Ring und gravierte darauf die Worte ein: „Alles ist vergänglich."

Der magische Ring (eine Derwisch-Geschichte)

Leben Sie, und lassen Sie andere Menschen leben. Fordern Sie von anderen Menschen so wenig wie möglich. Lassen Sie ihnen ihre Freiheit, und fühlen Sie sich frei. Der große Philosoph Sokrates sagte einmal: „Wer von anderen Menschen am wenigsten fordert, der wird von den Göttern am innigsten geliebt." Versuchen Sie, mit den kleinsten Dingen zufrieden zu sein, dann werden die großen Dinge Sie umso glücklicher machen, und negative Dinge haben immer weniger die Macht, Ihnen Schmerz zufügen zu können.

Fordern Sie von anderen Menschen so wenig wie möglich

Seien Sie mit kleinen Dingen zufrieden

Empfinden Sie ein Gefühl der Anerkennung und der Dankbarkeit für alles, was Sie haben, und für alles, was Ihre Eltern und Vorfahren, Lehrer, Mitmenschen und Freunde an Sie weitergegeben haben, ohne die Dinge einzufordern oder zu bedauern, die sie Ihnen womöglich nicht gegeben haben.

Anerkennung und Dankbarkeit empfinden

Suchen Sie in anderen Menschen stets die positiven Eigenschaften. Sehen Sie auch ihre Fehler, aber halten Sie nicht daran fest. Dasselbe gilt auch für Sie selbst: Entwickeln Sie Ihre positiven Eigenschaften, Talente und Gaben. Das lässt Sie Ihre Fehler und Unzulänglichkeiten umso eher vergessen.

Suchen Sie in anderen Menschen stets die positiven Eigenschaften

Wenn Sie Schwächen bei sich selbst entdecken, versuchen Sie ganz einfach, sie ohne Gefühle von Minderwertigkeit oder Schuld zu verändern. Falls Ihnen dies nicht gelingt, wenden Sie die oben beschriebene Methode an: Vertiefen Sie Ihre Gaben, Talente und Fähigkeiten. Die eigenen Gaben, Talente und Fähigkeiten zu vertiefen bedeutet, kreativ zu sein. Lassen Sie nicht zu, dass Sie gelangweilt sind. Finden Sie etwas, das Sie tun können, auch wenn Sie etwas „erfinden" müssen, aber bleiben Sie auf keinen Fall untätig.

Vertiefen Sie Ihre Gaben, Talente und Fähigkeiten

Seien Sie kreativ

Sie sollten erkennen, dass es Ihnen umso besser gelingen wird, Ihr Leben zu leben, je weniger Sorgen Sie sich machen.

Haben Sie den Mut, das zu ändern, was Sie ändern können, und die Weisheit, das anzunehmen, was Sie nicht ändern können

Schwierigkeiten oder Probleme sollten Sie zunächst klar analysieren oder jemanden finden, der Ihnen bei dieser Analyse helfen kann. Entscheiden Sie anschließend, wie Sie vorgehen wollen, um das Problem zu lösen, und lassen Sie sich nicht davon ablenken. Wenn es keine Lösung für Ihr Problem gibt, bleibt Ihnen keine andere Wahl, als es anzunehmen und Ihr Leben zu leben, so gut es geht. Man braucht im Leben den Mut, die Dinge zu ändern, die man ändern kann, und die Weisheit und Kraft, die Dinge anzunehmen, die man nicht ändern kann.

Pflegen Sie Ihren Sinn für Humor

Pflegen Sie Ihren Sinn für Humor. Humor ist nicht zu verwechseln mit Spott, Sarkasmus oder Ironie. Fangen Sie bei sich selbst an, indem Sie lernen, über sich selbst zu lachen. Lachen Sie jedoch niemals über andere Menschen, sondern stets mit ihnen. Wenn Ihnen nach Weinen zumute ist, dann tun Sie es, auch wenn Sie ein Mann sind. Wenn man weint, wird man wieder mehr man selbst.

Achtsam sein

Achten Sie so oft wie möglich auf Ihre Atmung, Ihren Gang, Ihre Gesten und Ihre Worte. Sie werden erstaunt sein, wie sehr diese Form der Achtsamkeit, wenn sie regelmäßig praktiziert wird, Ihnen die Kraft innerer Ruhe schenkt und Ihnen ein höheres Maß an Offenheit für die Erkenntnis Ihrer selbst, anderer Menschen und der Welt verleiht.

VON DER KATHARSIS ZUM BEWUSSTSEIN

DIE WIEDERENTDECKUNG DES BINDEGLIEDS ZWISCHEN KÖRPER UND GEIST

Ennea Tess Griffith

Körperbewusstsein: eine offene Pforte zur Erkenntnis des Selbst

Das wichtigste Element, das die euphonische Gestik des Samadeva grundlegend kennzeichnet, ist das Bestreben, uns unseres Körpers bewusst zu werden, denn Körperbewusstsein ist ein Weg, mit dessen Hilfe wir eine bewusste Beziehung zu unserer Psyche (unseren Gefühlen und Gedanken) eingehen können und der uns dadurch einen Zugang zur Selbsterkenntnis eröffnet. Dieser Prozess des Bewusstwerdens, der sich auf der Grundlage einer immer feiner werdenden Empfindungsfähigkeit und Wahrnehmung unseres inneren Körpers vollzieht, strebt danach, sowohl den physischen Körper als auch die Seele in ein harmonisches Gleichgewicht zu bringen, sodass wir in unserem Körper wieder neue Vitalität, neue Kreativität und eine neue Dimension entdecken können.

Unsere Arbeit ruht auf zwei Säulen, die einen ganzheitlichen Ansatz darstellen und sowohl Körper als auch Psyche des Menschen einbeziehen. Die erste Säule besteht aus Methoden der passiven Entspannung und der aktiven Meditation, während die zweite Säule dynamische Bewegungen und Tänze umfasst.

Um ein immer feineres Körperbewusstsein zu erlangen, besteht ein wesentlicher Aspekt der Übungen in ihrer Übertragung, das heißt, in einer möglichst optimalen Anpassung der Bewegungen und Gesten auf unseren Alltag. Die im Laufe der Übungsstunde geleistete Arbeit kann konkret an die Situationen des Lebens angepasst werden. Dadurch geht das Ziel der Übungen über ein reines Körperbewusstsein hinaus und wirkt sinnvoll auf eine bessere Integration des Menschen in seine materielle Umgebung und in das Umfeld seiner Beziehungen hin.

Es stellt sich deshalb eine wichtige Frage: Welche Position nehmen wir gegenüber den psychischen Problemen ein, die sich bei einer solchen Arbeit zeigen können?

Der Körper und seine Verbindungen zur Psyche

Wir versuchen weder, alte Erinnerungen wieder ins Bewusstsein zu bringen, noch wollen wir mögliche Ursachen von Blockaden analysieren. Unser vorrangiges Ziel besteht vielmehr darin, den Menschen so weit wie möglich darin zu unterstützen, seinen Körper wieder in ein Gleichgewicht zu bringen und seine Gesundheit wiederherzustellen, damit er sich wieder neu mit seiner Psyche verbinden kann. Damit wird er in die Lage versetzt, bislang unterdrückte Spannungen besser wahrnehmen und zum Ausdruck bringen zu können. Die euphonische Gestik des Samadeva hat also nicht die Absicht, die Vergangenheit zu ergründen, um die möglichen Ursachen für körperliche Spannungen zu finden, sondern will den Menschen darin unterstützen, sowohl seine Gegenwart als auch seine Zukunft besser zu bewältigen.

Das Ziel der Entspannung besteht darin, Bewusstseinszustände zu erzeugen, die einen – durch die stimulierende und befreiende Wirkung der dynamischen Übungen weiter verstärkten – Prozess psychischer Klärung und Reifwerdung ermöglichen. Im Gegensatz zur Entspannung werden die dynamischen Übungen stets mit geöffneten Augen praktiziert, sodass der Praktizierende den Kontakt zu seiner Umgebung behält. Dadurch wird er in eine dynamische Beziehung zu seinem Körper und zu seiner Umgebung gestellt, und er ist dazu aufgefordert, sich ihr in der bestmöglichen Weise anzupassen.

Besonders hervorzuheben ist, dass das Konzept der euphonischen Gestik des Samadeva den Körper nicht auf ein Gebilde aus Fleisch und Knochen – eine einfache Ansammlung materieller

Teilchen – beschränkt. Wenn man sich eingehend für den physischen Körper interessiert, indem man in der Praxis – wie bei der normalen Gymnastik – die Beweglichkeit der Gelenke und die Dehnbarkeit der Muskulatur verbessern will, dann ist man auch an den Auswirkungen interessiert, die mit Rhythmus, Atmung, Kreislauf oder Psyche zu tun haben. Man wird sich der Tatsache bewusst, dass der physische Körper nur deshalb zur Bewegung fähig ist, weil vitale Kräfte am Werk sind, die es dem Organismus ermöglichen, zu leben und zu wachsen. Man erkennt zudem immer stärker, dass der Körper eng mit inneren Erfahrungen verbunden ist, die ihrerseits die Basis von Gefühlen und Empfindungen darstellen und Vorstellungen und Gedanken entstehen lassen. Deshalb lassen wir die Bedeutung von Informationen, die uns die körperlichen Sinne und Empfindungen liefern, nicht außer acht, sondern nutzen sie vielmehr, um das Bewusstsein für den Körper, die Gefühle und die Gedanken zu schärfen.

Infolgedessen können wir umso besser verstehen, was sich in den verschiedenen geistig-körperlichen Methoden manifestiert. Nehmen wir zum Beispiel jemanden, der gerade eine Form der Entspannung praktiziert: Er liegt lang ausgestreckt auf dem Boden, hat die Augen geschlossen und ist gleichsam hypnotisiert von einer Musik oder einer eintönigen Stimme, die Bilder in ihm heraufbeschwört, die er nicht kontrollieren kann. Er wird in einen Zustand des Traumbewusstseins – des bildhaften Bewusstseins – versetzt, der dem Menschen in einer fernen Vergangenheit einmal eigen war. Die Entspannung ruft also die uralte Fähigkeit des Menschen auf den Plan, Bilder aus seiner Psyche abzurufen, ohne seine bewussten mentalen Kräfte einzusetzen. Somit erklärt sich, weshalb unser Bewusstsein in der Entspannung oftmals von einem Strom an Bildern erfüllt ist, die in keinem offensichtlichen Zusammenhang zueinander stehen. Wir verstehen auch, dass diese chaotischen Bilder einen Eindruck in der Psyche des Menschen hinterlassen, der sich in einem Bewusstseinszustand befindet, in dem er diesem Strom der Bilder und Vorstellungen, die aus seinem Unbewussten entspringen, ausgeliefert ist, ohne dass das Licht des bewussten Denkens sie lenken und ordnen kann.

Das Phänomen der Katharsis

Noch ein weiterer Aspekt wird verständlich, nämlich das bekannte Phänomen der Katharsis, auf das so viele Körpertherapien bauen und bei dem die Einwirkung auf eine körperliche Spannung eine unkontrollierte emotionale Entladung nach sich zieht. Die Arbeit an einer Muskelblockade beschwört bei einem Menschen also Bilder herauf, die mit dem Ursprung der Blockade zusammenhängen. Das Ich mischt sich in den Kreislauf aus Wahrnehmung – Bild – Handlung nicht ein, formt nicht bewusst das Bild dessen, was es erschaffen will, bevor die Handlung ausgeführt wird. Wenn diese Bilder nicht durch das bewusste Denken ans Licht gebracht werden, dann zeigt sich dasselbe Phänomen wie bei einem Tier, bei dem zwischen Wahrnehmung und Handlung ein Kurzschluss besteht. Dadurch wird eine Gefühlswahrnehmung zu einem „zwingenden Bild“, das ein Tier zwingt, sofort und in Übereinstimmung mit der in seiner Psyche hervorgerufenen Sympathie (Anziehung) oder Antipathie (Aversion) zu handeln. Dies löst unkontrollierte Gesten und Tränenausbrüche aus, die sich jeder Kontrolle entziehen.

Man kann ahnen, welche Gefahr von einer Arbeit ausgeht, die sich darauf beschränkt, vergrabene Gefühle und zurückgehaltene Triebe wieder zutage zu fördern, und die einen Strom an Bildern aus dem Unbewussten nach oben steigen lässt, ohne sie zu entschlüsseln. Der Praktizierende läuft Gefahr, sich völlig in der Subjektivität seiner eigenen inneren Erlebnisse zu verlieren, im Geflecht dieses stets in Bewegung befindlichen Grundes, auf dem die Empfindungen aufgepfropft sind. Noch darüber hinaus kann die dem Unbewussten zugebilligte Vorrangstellung die Illusion vermitteln, in allen inneren Bewegungen die wahre Lösung für sein Bedürfnis nach Sein und Selbstausdruck zu sehen. Haben wir nicht das Gefühl, dass wir in den leidenschaftlichen Bewegungen leben, die unsere Seele in Aufruhr versetzen? Die Gefahr für den Praktizierenden besteht deshalb darin, dass er sich egoistisch in seiner inneren Welt einschließt, Gefallen daran findet und sich anderen Menschen nur noch öffnen kann, indem er sie durch die Brille seiner egozentrierten Erlebnisse sieht.

Dynamische Übungen und aktive Aufmerksamkeit

Die euphonische Gestik des Samadeva vermag diesen Gefahren aus dem Weg zu gehen, indem sie die Dynamik der Bewegung und des aktiven, bewussten Denkens einbezieht. Die dynamischen Übungen, die im Stand oder im Sitzen praktiziert werden, ermöglichen es dem Praktizierenden, über das Stadium des Traumbewusstseins hinauszugelangen, das mit der liegenden Haltung verbunden ist. Das Bewusstsein für die Umgebung wird in die Übungen einbezogen, damit der Praktizierende sich unmittelbar mit ihr befassen muss. Es wird anerkannt, dass jeder Mensch seine Eigenarten, seinen Arbeitsrhythmus, seine persönlichen Grenzen und seine eigenen psychischen Probleme hat.

Der Weg der menschlichen Seele durch die Zeit und die Evolution der Welten

Die euphonische Gestik des Samadeva ist somit an den Menschen gerichtet, der nach dem Sündenfall, von dem das Alte Testament spricht, sich den aufrechten Gang angeeignet hat, mit einem ersten Funken von Bewusstsein – einem psychologischen Ich – ausgestattet wurde und sich in einen physischen Körper kleidet. Dieser Körper war zu Beginn weitaus feinstofflicher als heute, aber Kräfte der Verhärtung und der Verdichtung brachten den Menschen dazu, sich immer stärker für materielle Kräfte und Substanzen zu interessieren, die eine vorzeitige Verhärtung seines Körpers zur Folge hatten. Eindrücke, Gefühle und Gedanken prägten sich immer stärker in den Körper des Menschen ein und brachten ihn infolgedessen dazu, zu tief in die Welt der Materie hinabzusteigen. Der physische Körper wurde damit zunehmend zu dem, als was wir ihn heute kennen, aus einem Skelett, Muskeln, Sehnen und Nerven bestehend und von Haut bedeckt. An diesen Körper, der aus unserer Begegnung mit der Materie und mit dem Leben auf dieser Erde geboren ist, richten sich die Übungen, die unsere Gelenke lockern, unsere Muskulatur dehnen sowie unsere emotionale und mentale Entspannung fördern sollen. Durch diese Übungen entdeckt der Praktizierende wirkungsvolle Bewegungen und Gesten wieder, die für die Bedingungen des Alltags geeignet sind, weil sie mit der kleinstmöglichen Anstrengung eine optimale Muskelspannung bewirken und gleichzeitig die Psyche von ihren Spannungen befreien.

Die euphonische Gestik des Samadeva erfüllt alle mit dem Körper zusammenhängenden vitalen und psychischen Prozesse mit neuer Harmonie

Die euphonische Gestik des Samadeva wirkt also einerseits durch die Entspannung, die den Praktizierenden in einen Zustand des bewussten Träumens versetzt, und andererseits durch dynamische Übungen, die den inkarnierten Menschen ansprechen, dessen physischer Körper angesichts der Anforderungen, die das Leben auf dieser Erde an ihn stellt, zu einem effektiven und perfekt an die emotionale und intellektuelle Funktion des Menschen angepassten Werkzeug werden muss. Ein neues Bewusstsein für den Körper und seine Verbindungen zur Psyche sowie die Neuentdeckung spontaner Bewegungen, die kein Hindernis für die organischen Funktionen des Körpers darstellen, machen die euphonische Gestik des Samadeva zur Brücke zwischen den unbewussten expansiven Kräften einerseits und den verdichtenden, verhärtenden Kräften andererseits, die beide im Menschen präsent sind. Die euphonische Gestik des Samadeva erfüllt alle mit dem Körper zusammenhängenden vitalen und psychischen Prozesse mit neuer Harmonie und ermöglicht es dem Praktizierenden somit, seine

Eine Brücke zwischen den expansiven Kräften des Unbewussten und den verhärtenden, verdichtenden Kräften, die im Menschen präsent sind

Neben den fünf üblichen Sinnen regt die euphonische Gestik des Samadeva auch die sieben Sinne an, die den Menschen mit seiner Psyche und seinem Geist verbinden

Fähigkeiten der Entfaltung und Kreativität zu befreien und zum Ausdruck zu bringen. Weil der Praktizierende dieses neue Bewusstsein durch eine Verfeinerung aller körperlichen Empfindungen erwirbt, wollen wir an dieser Stelle einen kurzen Blick auf die bei dieser Arbeit angesprochenen Sinne werfen: Es sind insgesamt zwölf Sinne, auch wenn die Wissenschaft nur zwischen den fünf offenkundigen Sinnen unterscheidet.

Neben den üblichen fünf Sinnen –Tasten, Sehen, Hören, Riechen und Schmecken – regt die euphonische Gestik des Samadeva auch die sieben Sinne an, die den Menschen mit seiner Psyche und seinem Geist verbinden:

- Den Sinn der Wärme, der nicht mit dem Tastsinn gleichzusetzen ist, da er eine andere Qualität birgt als der Tastsinn, mit dem wir zum Beispiel rau und glatt unterscheiden können.
- Den Sinn des Gleichgewichts, der es uns ermöglicht, unsere Lage und Position im Raum wahrzunehmen.
- Den Sinn der Bewegung, mit dessen Hilfe wir bezogen auf die äußere Welt und dank der Aktivität unserer Muskeln und Glieder wahrnehmen können, ob wir in Bewegung oder in Ruhe sind.
- Den Sinn des Lebens, der uns erlaubt, die Tiefen unseres Organismus einzutauchen, indem er uns Informationen über den Allgemeinzustand unserer Organe und die harmonische Funktion der Vitalprozesse gibt, die sich im Körper abspielen.
- Den Sinn für die Sprache, denn der Sinn des Hörens allein reicht nicht aus, um die äußeren Geräusche, die wir wahrnehmen, als menschliche Worte zu verstehen.
- Den Sinn des Denkens, der es möglich macht, dass der Gedanke in der Sprache erfasst wird.
- Den Sinn für das Ich, der uns in die Lage versetzt, das Ich der anderen Menschen wahrzunehmen.

Die euphonische Gestik des Samadeva bezieht alle Sinne ein und soll den körperlichen Menschen nicht nur mit seiner Seele und mit seinem Geist, sondern darüber hinaus mit seiner Umwelt und mit den Menschen, die ihn umgeben, verbinden.

Die grundlegende Rolle des Körperbewusstseins

Wir verstehen die grundlegende Rolle, die das Körperbewusstsein spielt, indem wir zur ersten Erfahrung mit der Materie zurückkehren, die der Mensch in der lange zurückliegenden Zeit des „Sündenfalls" machte, als er das umwölkte Bewusstsein, das er bis dahin besessen hatte, und die horizontale Körperhaltung des Tieres hinter sich zurückließ, um freiwillig die aufrechte Körperhaltung einzunehmen. Dadurch war er imstande, sich außerhalb seiner Umgebung und als ein von dieser Umgebung getrenntes Wesen wahrzunehmen, als geistiges Wesen, das einen räumlich getrennten Körper besitzt, aber dennoch auf vollkommene Weise mit ihm verbunden ist.

Der Körper: ein Spiegel, der Bewusstsein bewirkt

Sowohl die Berührung mit den materiellen Wirklichkeiten als auch die Undurchlässigkeit des Körpers haben den Menschen im Laufe seiner Entwicklung vor Kräfte gestellt, die ihm einen für seine geistige Aktivität notwendigen Widerstand entgegengesetzt haben, damit sie sich wieder auf sich besinnen konnte, damit sie reflektiert werden konnte wie das Licht in einem Spiegel. Der Körper ist für den Menschen deshalb der Spiegel, der Bewusstsein bewirkt und es dem Selbst erlaubt, sich von außen zu sehen, als derjenige reflektiert zu werden, der ist und der das Gefühl hat, dass er ist, wobei dieses „Seinwollen" bereits in der aufrechten Körperhaltung zum Ausdruck kommt, die der Mensch errungen hat, indem er die Schwerkraft besiegt hat, und im Oben und Unten die kosmischen und die irdischen Kräfte miteinander vereint.

Diese Erfahrung, durch die der Geist nicht mehr mit dem Kosmos verschmolzen ist, sondern sich in einem Körper abtrennt, hat auf der Erde eine langsame Evolution durchgemacht und im Zeitalter der Renaissance eine entscheidende Wende erfahren. In dieser Epoche hat der Mensch das Gefühl verloren, ein lebendiger Teil des Kosmos zu sein. Die Erfahrung, sich als einzigartiges Wesen zu empfinden, diese notwendige Erfahrung, die den Menschen der göttlichen Vormundschaft beraubt und ihn vor seine eigene Freiheit stellt, schneidet ihn von der geistigen Welt und der Natur ab, die ihm nicht mehr von elementaren Kräften bewohnt zu sein scheint, sondern inert, anorganisch und „unbelebt" wird.

Durch die Praxis der euphonischen Gestik des Samadeva verändert sich das Verhältnis von Körper und Psyche von neuem. Der Praktizierende fühlt sich nicht länger wie ein in einem Körper isoliertes Wesen, sondern erlangt in seiner Beziehung zu anderen Menschen und zu seiner Umwelt eine neue Dimension, die ihn mit einer geistigen Wirklichkeit in sich selbst und schließlich mit einem vereinigenden und universellen Bewusstsein in Berührung bringen kann. Letzteres kann in einer mystischen Erfahrung gipfeln.

Sich als ein Schriftzeichen des Kosmos erkennen

Die Erfahrung, einen Körper zu haben und „ein Körper zu sein", kann es dem Menschen also ermöglichen, sich nicht nur seinem eigenen Gefühl und seinem eigenen Unbewussten zu stellen, sondern auch den Teil seines Wesens zu integrieren, der auf die geistige Welt ausgerichtet ist, das Höhere Selbst, dessen psychologisches Selbst nur ein schwacher Abglanz ist, der das wahre Wesen nicht offenbart. Der Prozess des Bewusstwerdens für den eigenen Körper kann bewirken, dass man sich gleichsam als ein Schriftzeichen des Kosmos erkennt, als einen Mikrokosmos, der aus dem Makrokosmos geboren ist … Wir können die Faszination, die der Körper heute ausübt, besser verstehen, diese Versessenheit darauf, ihn zu sezieren, psycho-physiologische Reflexe zu ergründen, das Rätsel durchdringen zu wollen, das seinen Aufbau und seine Funktionsweise umgibt. Außerdem entdecken wir den Grund für unsere Verliebtheit in den Körper, für den die Menschen immer mehr Zeit, Geld und Aufmerksamkeit aufwenden. Die Erfahrung des Körpers, die unser Ziel ist, ermöglicht daher nicht nur die Herstellung des Bindeglieds zwischen Körper und Psyche, sondern auch die Wiederentdeckung jener tiefen Verbindung, die zwischen Körper und Geist besteht.

Die tiefe Verbindung zwischen Körper und Geist wieder entdecken

Das grundlegende Element, das dieses Bindeglied möglich macht, ist das Denken, das allein zu einem lichtvollen und klaren Bewusstsein für den Körper und das eigene Selbst führen kann. Das Denken ermöglicht es uns, die Eindrücke der Seele, die aus den Tiefen nach oben steigen, neu zu ordnen, um sie zu „erkennen“ und zu „verstehen“, sie uns wirklich zu eigen zu machen und von neuem mit ihnen geboren zu werden. Zwischen dem dunklen Willen, der im Stoffwechsel schlummert, und allem, was im Unbewussten ruht, auf der einen und dem klaren, freien und reflektierten Willen, der in der höheren Psyche des Menschen in Erscheinung tritt, auf der anderen Seite kann so ein neues Bindeglied geschaffen werden. Der Mensch muss den Mut haben, in die Tiefen seines Körpers einzutauchen, um nicht nur seine verdrängten Emotionen, sondern vor allem die Keime der Willenskraft zutage zu fördern, die dort eingeschlossen sind, um sie mit Hilfe klaren, lebendigen Denkens zu erkennen und in das eigene freie und verantwortungsbewusste Wesen zu integrieren.

Dies ist der Weg, zu dem die Übungen der euphonischen Gestik des Samadeva einladen. Ihr Ziel ist es, all das zu erhöhen und zu ordnen, was aus den Tiefen des Unbewussten zur Oberfläche steigt, und es von seinen Konditionierungen und Mechanismen und seiner Materialität zu befreien. Es handelt sich also sowohl aus körperlicher wie aus mentaler Sicht um eine Arbeit der Harmonisierung und der Befreiung.

Eine Arbeit der Harmonisierung und der Befreiung

DER SAMADEVA UND DIE QUANTENPHYSIK

VON DER WISSENSCHAFT ZUR WEISHEIT

Idris Lahore

Überschreitung des Egos in befreiender und kreativer Selbstverwirklichung

Die Psychologie der euphonischen Gestik des Samadeva gehört zu den so genannten transpersonalen Psychologien, die eine Überschreitung des Egos lehren. Diese Überschreitung ist allerdings nicht als krankhafte Auslöschung, sondern als befreiende und kreative Selbstverwirklichung zu verstehen.

Die euphonische Gestik des Samadeva kann den Praktizierenden – falls er es wünscht – über körperliche Techniken hinaus zu einem tieferen Verständnis führen, als es der gewöhnliche Ansatz vermag, weil dieser auf die Wahrnehmung des äußeren Anscheins begrenzt und daher außerstande ist, die Essenz – die wahre Wesensnatur aller Dinge und Geschöpfe – zu begreifen.

Eine bisher unbekannte Dimension der Wirklichkeit erproben

Wir können erfahren, dass die geistig-körperlichen Techniken und die daraus folgende betrachtende Vertiefung uns die Möglichkeit geben, eine bis dato unbekannte Dimension der Wirklichkeit zu erproben. Dabei handelt es sich nicht um eine mystische Wahnvorstellung, sondern um die Möglichkeit, in eine Erfahrung einzutreten, die über die Begrenzungen der Sinneswahrnehmung hinausgeht, ohne das erforderliche Angepasstsein des materiellen Menschen an die materielle Welt dabei in irgendeiner Weise zu leugnen. Das Überschreiten der Grenzen, die uns die Sinneswahrnehmung auferlegt, geht Hand in Hand mit einer Integration jener immanenten und einbeziehenden Dimension, die einen von jeder Konditionierung befreiten Geist kennzeichnet.

Dies muss natürlich in Bezug gesetzt werden zu den Experimenten und Erfahrungen der Physiker John A. Wheeler und

Fritz-Albert Popp, die zeigen, dass Photonen eine bewusste und intelligente Energie besitzen, die imstande ist, mit dem Bewusstsein und der Intelligenz des Menschen eine geistige Wechselbeziehung einzugehen. Dies wiederum bringt uns weiter zur Forschungsarbeit des nicht minder berühmten Physikers David Bohm, der ein Freund von Krishnamurti war, oder zur Arbeit des französischen Semantikers Gérard Tiry.

Am Ende des zwanzigsten Jahrhunderts und zu Beginn des dritten Jahrtausends vertritt diese Physik den Grundsatz, dass das Universum eine ungeteilte biologische Einheit ist, deren aus Teilchen bestehende Materie lebendig ist und sowohl Bewusstsein als auch Intelligenz besitzt, und dass das menschliche Bewusstsein und die menschliche Intelligenz lediglich eine Manifestation dieses kosmischen Bewusstseins und dieser kosmischen Intelligenz sind. Die wissenschaftlichen Erkenntnisse verbinden sich hier mit den geistigen Lehren der größten Meister, die von Sri Aurobindo über Gurdjieff, Steiner, Krishnamurti und in jüngerer Zeit bis zu Selim Aïssel reichen.

Das Universum besitzt Bewusstsein und Intelligenz …

Die bewusste und konsequente Praxis der euphonischen Gestik des Samadeva kann zu diesem Ort führen, an dem Wissenschaft und Geist sich begegnen, zum Verstehen oder vielmehr zur unmittelbaren Erkenntnis der Wirklichkeit, die über die bloßen Fähigkeiten des Gehirns hinausgeht und den Menschen in allen seinen Dimensionen umfasst: Körper, Gefühle und Intellekt.

Unmittelbare Erkenntnis der Wirklichkeit, die über die bloßen Fähigkeiten des Gehirns hinausgeht

Diese Wirklichkeit entspricht dem Absoluten oder dem Numinosen des spirituellen Menschen, dem Göttlichen des religiösen Menschen und schließlich der höchsten Realität eines Wissenschaftlers, wenn er uns die „subquantische Mechanik virtueller Übergänge“ erklärt, die beweist, dass es einen Ort gibt, an dem der materielle Raum zur Erinnerung und die Zeit zur Ewigkeit wird.

Es gibt einen Ort, an dem der materielle Raum zur Erinnerung und die Zeit zur Ewigkeit wird

Zur vereinigenden, unmittelbaren Erkenntnis des eigenen Seins und des Seins der Welt in der vollkommenen Entsprechung ihrer wahren Natur gelangen

Der Praktizierende kann, wenn er es will, also auf dieselbe Weise zur vereinigenden, unmittelbaren Erkenntnis des eigenen Seins und des Seins der Welt in der vollkommenen Entsprechung ihrer wahren Natur gelangen, wie ein David Bohm oder Rupert Sheldrake durch ihre wissenschaftliche Arbeit zu einer holistischen Sicht des Universums gelangt sind.

Echte Werkzeuge der Verwirklichung und des Erwachens

Weisheit – diese praktische Gnosis – ist heute nicht mehr nur das Privileg einiger Asketen und Mönche, die sich von der Welt zurückgezogen haben, sondern wird zu einem Feld für die wissenschaftliche Forschung oder die tägliche geistig-körperliche Praxis, wie sie von der euphonischen Gestik des Samadeva gelehrt wird. Diese beiden Wege führen also nicht nur zu einer vollkommenen Integration des Menschen in sein familiäres, gesellschaftliches oder berufliches Umfeld, sondern auch zur Integration seines oberflächlichen Egos in sein tiefstes Wesen und darüber hinaus in das Wesen des Universums. Er verfügt damit über echte Werkzeuge der Verwirklichung und des Erwachens.

DER URSPRUNG DES SAMADEVA

DIE HEILENDEN TECHNIKEN DER DERWISCHE

Idris Lahore

Das Streben nach Unsterblichkeit ist einer der ältesten Träume der Menschheit. Viele Philosophen haben sie zum Thema ihrer Abhandlungen gemacht, die Religionen versprechen sie … allerdings erst nach dem Tod, Taoisten praktizieren Übungen, die Langlebigkeit versprechen, Alchemisten bereiten das Elixier des langen Lebens zu, Wissenschaftler streiten sie ab, versuchen aber gleichzeitig, den Körper einzufrieren, um ihn eines Tages wiedererwecken zu können. Wo liegt die Wahrheit? Was ist Wirklichkeit, und was ist Legende?

Ich möchte Ihnen erzählen, wie die Suche nach Unsterblichkeit mich eines Tages nach Kafiristan (eine Provinz in Afghanistan) führte, wo ich Pir Kejttep Ançari begegnete. Er war der spirituelle Meister, der Scheich einer Bruderschaft von Derwischen, von denen man berichtet, sie seien die Nachkommen der Weisen des Orients. Drei von ihnen sind dem Stern bis zur Krippe in Bethlehem gefolgt.

Diese Derwische waren Ärzte und Priester, Heiler und Magier, und sie nutzten Trance und Hypnose, Pflanzen und Gifte, körperliche Übungen und Atemtechniken, energetische Methoden und das, was man heute unter systemischen Therapien versteht. Einige von ihnen leben noch heute: Ihre Geheimnisse, sorgfältig gehütet, werden innerhalb ihrer Bruderschaft von Meister zu Schüler und von Seele zu Seele weitergegeben. Ihr Wissen und ihre Praktiken sind die Überreste der Medizin, die im Mittelalter an allen großen arabischen Universitäten des Nahen

Ostens und auch des Westens – von Gundishapur bis Toledo – zu voller Blüte gelangte. Diese Derwische werden als *Sarmoun* bezeichnet. Man sagt von ihnen, dass sie die Meister der Zeit seien und die Geheimnisse der Unsterblichkeit kennen. Während meines Aufenthaltes bei ihnen hat Pir Kejttep Ançari mich unter anderem die Heiltechniken der Derwische gelehrt. Ich war der erste und werde auch der einzige Mensch aus dem Westen bleiben, der von ihm die Einweihung erhalten hat. Ich habe *baraka* (die Kraft der Meister) von ihm empfangen, damit ich sie meinerseits in den Westen trage. Als er zum ersten Mal mit mir darüber sprach, erinnerte ich mich an die Worte von Padmasambhava, einem großen Weisen in der Tradition des tibetischen Buddhismus: *„Wenn die eisernen Vögel fliegen, wird der Dharma nach Westen gehen."* Diese Prophezeiung geht heute in Erfüllung.

Pir Kejttep Ançari lehrte mich die Heiltechniken der Derwische

Ich wurde in das Kloster aufgenommen, in das der alte Meister sich zurückgezogen hatte, um in größter Abgeschiedenheit zu lehren, und als einer von mehreren, nach strengen Regeln ausgewählten Schülern begann ich eine Lehre, die als höchst esoterisch betrachtet werden kann. In einigen meiner anderen Bücher stelle ich bestimmte Techniken der Derwische vor, die der Meister selbst mich gelehrt und die zu offenbaren er mir gestattet hat.

Meine Ausbildung war eine Ausbildung des Geistes, des Herzens und des Körpers. Eine äußerst strenge Unterweisung sollte die Schüler zur vollkommenen Meisterschaft über die verschiedenen Anteile ihres Wesens führen: intellektuell, emotional und körperlich. Diese Techniken führen zu einer Beherrschung der Gedanken, zu einer Reinigung der Emotionen und Gefühle und schließlich, wie es auch bei einigen Formen des Yoga der Fall ist, zu einer bewussten Nutzung der Funktionen, die mit den körperlichen Zentren verbunden sind: sexuelle Energie für das Sexualzentrum, Atmung, Blutkreislauf, Aufnahme von Nährstoffen und

Meine Ausbildung war eine Ausbildung des Geistes, des Herzens und des Körpers

Sekretion von Hormonen für das Instinktzentrum, Bewegungen und äußere Geisteshaltungen für das Bewegungszentrum. Das Ziel der geheimen Unterweisung bestand, um es in den Worten der Tradition zu sagen, darin, den gewöhnlichen Menschen in den „vollkommenen Menschen“ zu verwandeln.

„Kunst der Unsterblichkeit“ von Körper und Seele

Auf die theoretischen und praktischen Studien folgten Prüfungen, die zeigen sollten, auf welche Stufe der Schüler gelangt war. Der Tradition zufolge sind dreiunddreißig (4-mal 8 plus 1) Jahre notwendig, um diesen Zustand des vollkommenen Menschen sowie vollkommene Meisterschaft in der „Kunst der Unsterblichkeit“ von Körper und Seele zu erreichen. Die *Hakime* – so wurden diese Ärzte für Körper und Seele genannt – ließen mich sofort an die Bruderschaften der Essener – die Heiler zur Zeit Jesu – denken. Sie wurden auch als Therapeuten bezeichnet. Mein Studium des Hellenismus erinnerte mich auch daran, dass das Wort „Therapie“ in alter Zeit „heiliger Dienst“ bedeutete.

Die *Hakime*, Ärzte für Körper und Seele

In der Nacht von Donnerstag zu Freitag empfing das Kloster viele Besucher, die an Krankheiten litten und zum Teil von weit her gekommen waren. Während meines Aufenthaltes dort sah ich neben einheimischen Bauern unter anderem Hindu-Prinzen, Politiker aus China und Russland, iranische Imame und Würdenträger sowie einen saudischen Ölmagnaten. Sie alle litten an Krankheiten, die als unheilbar galten.

Der „Pir Hakim“ – pir bedeutet alt, und zur damaligen Zeit wurde Alter im Orient noch immer mit Weisheit gleichgesetzt –, dieser Meister, zu dessen Schüler ich geworden war, hatte neun weitere Therapeuten an seiner Seite und empfing die Kranken zuerst in einem großen Saal, dessen Wände aus weißen Quadern bestanden und der von Öllampen erhellt war, die den Ort mit ihrem sanften, friedvollen Licht erfüllten. Auf dem Boden war jenes besondere Symbol zu sehen, das die Eingeweihten „das Zeichen Gottes auf der Erde“ nennen: das Enneagramm. An jeder der Spitzen des Enneagramms stand einer der neun Hakime. Der Meister saß auf einem weißen Schafsfell in der Mitte des zentralen Dreiecks. Ein Assistent führte jeden Besucher zu ihm. Nachdem der Besucher den Meister mit größter Achtung begrüßt und seine Gabe zu dessen Füßen abgelegt hatte, hockte er sich auf seine Fersen, dem Meister zugewandt. Dieser nahm die Hände des Patienten in seine eigenen Hände, um dann einem alten Ritual folgend, das als *Tcheff-Hu-Hakim* (der Atem des Heilers Gottes) bezeichnet wird, seine Stirn anzuhauchen. Anschließend murmelte er einige Worte ins Ohr des Patienten, um den Prozess der Heilung in Gang zu setzen. Dann wurde der Patient angewiesen, sich zu erheben, und zu einem der neun anderen Hakime geführt, den der Meister bestimmte. Der Hakim wiederholte die Gesten des Meisters und sang gemeinsam mit dem Kranken anschließend Worte der Heilung, bis sicher war, dass dieser sie auswendig beherrschte. Dann nahm er die Hand des Kranken und übte mit dem Daumen mehrfach Druck darauf aus. Anschließend legte er zwei Finger auf andere Bereiche des Körpers und bat den Kranken, tief ein- und wieder auszuatmen. Dank meines Studiums der chinesischen Medizin konnte ich erkennen, dass die auf diese Weise behandelten Punkte – von den Derwischen als *Lataïf* oder *Taj* bezeichnet – immer bestimmten Akupunkturpunkten entsprachen. Im Unterschied zur chinesischen Medizin setzten die Hakime aber an diesen Punkten keine Nadeln, sondern übten Druck mit den Fingern aus, klopften darauf oder hauchten sie an, während sie den Patienten gleichzeitig baten, sich auf seine Krankheit zu konzentrieren. Mit diesen Techniken sollte die Zirkulation der als *Nafa* bezeichneten Energien in Körper, Herz und Geist des Kranken harmonisiert wer-

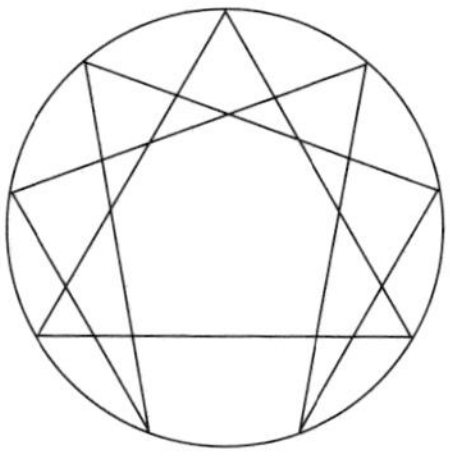

Das Enneagramm, Sinnbild des Höchsten auf der Erde

Die behandelten Punkte – von den Derwischen als *Lataïf* oder *Taj* bezeichnet – entsprachen immer bestimmten Akupunkturpunkten

den, dem der Hakim zudem eine Bewegung oder eine Geste zeigte, die er regelmäßig praktizieren sollte, nachdem er nach Hause zurückgekehrt war. Diese Bewegungen oder Gesten wurden „Arkanas“ genannt. Danach wurde der Patient zur kreisförmigen äußeren Mauer geführt, wo er Platz nahm und fortfuhr, die Worte, die er empfangen hatte, mit leiser Stimme unablässig zu wiederholen. Bettlägerige Patienten wurden von den Assistenten zum Meister getragen und anschließend an die Außenmauer gebettet. So war der Saal schon sehr bald vom Gemurmel der vielen verschiedenen Melodien erfüllt, die jedoch nie zu einer Kakophonie ausarteten, wie man hätte erwarten können. Das Gegenteil war der Fall: Je weiter die Nacht fortschritt, umso mehr spürte ich eine immense Präsenz, die Anwesenheit einer immensen und doch stillen Kraft. Es schien, als ob alles plötzlich reiner, ruhiger und dichter würde – die Luft, das Licht, das Gemurmel der Stimmen und sogar die Zeit!

Diese Bewegungen oder Gesten wurden „Arkanas“ genannt

Die Kunst der heilenden Worte

Viele Patienten schliefen irgendwann ein. Als alle Kranken an den Außenmauern der Halle saßen oder lagen, sangen die Hakime weiter ihre heiligen Verse und übten an ihrem eigenen Körper gleichzeitig Druck auf die Punkte aus, die sie zuvor bei den Patienten gedrückt hatten. Sie taten dies, bis die Sonne aufging. Dann weckten die Hakime die Kranken, die in der Zwischenzeit alle eingeschlafen waren, indem sie ihnen einige Worte ins Ohr flüsterten und sie ganz leicht an der Schulter berührten. Fast alle Patienten schienen aus einem tiefen Schlaf zu erwachen, und ich selbst hatte jedes Mal den Eindruck, als ob ich in die Vergangenheit gereist sei und mich in einem der Tempel des Schlafs und der Heilung befände, die es im antiken Griechenland gab.

Ich hatte den Eindruck, mich in einem der Tempel des Schlafs und der Heilung im antiken Griechenland zu befinden

Alle Patienten waren von innerer Ruhe erfüllt. Dass die, die zuvor bettlägerig gewesen waren, nun sogar aufstanden, erschien völlig normal, obwohl es natürlich etwas Besonderes war. Alle Gesichter waren von einer heiteren Gelassenheit und einer tiefen Dankbarkeit erhellt. Nicht jeder war bereits geheilt – oder vollständig geheilt –, aber sie alle schienen im Laufe der Nacht von einem Engel besucht worden zu sein, der ihnen zumindest das Geschenk der Lebensfreude und der Hoffnung gebracht hatte. Für die, die noch nicht geheilt waren, war dies jedoch vielleicht der Beginn eines Heilungsprozesses, der noch einige Tage oder Monate andauern würde. So hat der Meister es mir auf jeden Fall erklärt.

Die Assistenten kehrten zurück, um die Patienten in einen anderen Raum zu führen, wo man ihnen eine Mahlzeit servierte, ehe sie wieder zu den Toren des Klosters geleitet wurden. Vorher wurden sie ermahnt, unter keinen Umständen über die Methoden zu sprechen, derer die Hakime sich bedienten, da ihre Krankheit andernfalls sogleich zurückkehren und dann in jedem Fall unheilbar sein würde. Man erklärte ihnen außerdem, dass die ihnen übertragenen Kräfte der Heilung – *baraka* – noch mehrere Tage und vielleicht sogar mehrere Monate weiter wirken würden und dass sie über sie mit dem lebenden Meister – Pir Kejttep Ançari –, dessen Meister, dem Meister seines Meisters und so mit der Kette aller Meister (*silsilla*) bis hin zu Adam am Anbeginn aller Zeit und über Adam mit Gott selbst verbunden seien.

Trotz dieser Hinweise wurden keinerlei religiöse Empfehlungen an die Besucher ausgesprochen. Man forderte von ihnen noch nicht einmal, dass sie an Gott glauben sollten. Dies stand in klarem Gegensatz zu vielen anderen religiösen oder geistigen Heilmethoden, die Bekehrung als Preis für die Gesundheit forderten. Hier wurde keinerlei Propaganda betrieben. Ehe sie sich von den Kranken verabschiedeten, zeigten die Hakime ihnen die Druckpunkte und erinnerten sie noch ein letztes Mal an die

Worte der Heilung. Es war gleichsam eine letzte therapeutische Belehrung. Einigen Patienten zeigten sie außerdem eine Haltung, die sie beim Rezitieren oder Singen ihrer Worte der Heilung einnehmen, oder eine Bewegung, die sie dabei ausführen sollten.

„Übertrage und übersetze die Gesänge und Worte, die ich den Kranken ins Ohr flüstere"

Kurz vor meiner Abreise aus dem Kloster sprach mein Meister zu mir: „Übertrage und übersetze nach und nach die Gesänge und Worte, die ich den Kranken ins Ohr flüstere und die sie danach selbst singen. Lehre sie eine deiner Schülerinnen, die du selbst in ihr Verstehen einweihen wirst. Achte, wie ich es dich gelehrt habe, auf die Wirkungen, die sie auf Körper, Herz und Geist haben, wenn sie gelesen, rezitiert und gesungen werden. Achte vor allen Dingen auf die Wirkung, die sie auf die Seele und auf das geistige Wesen des Menschen haben. Du wirst erkennen, dass jeder dieser Verse eine Arznei ist. Verfahre ebenso mit den Bewegungen der Arkanas. Bei manchen Krankheiten sind diese Übungen wirksamer als pflanzliche und mineralische Arzneien und sogar wirksamer als die meisten Arzneien, die von den Menschen erfunden wurden. Wisse, dass derjenige, der diese Worte rezitiert oder singt und diese Arkanas praktiziert, und insbesondere derjenige, der sie versteht und liebt, einen großen Schritt in Richtung der Unsterblichkeit geht … Diese Arkanas und diese Worte sind das Elixier der ewigen Jugend."

„Achte auf die Wirkungen, die sie auf Körper, Herz und Geist haben, wenn sie gelesen und gesungen werden … Du wirst erkennen, dass jeder dieser Verse eine Arznei ist"

„Verfahre ebenso mit den Arkanas … Sie sind das Elixier der ewigen Jugend"

Noch außergewöhnlicher und eigentümlicher war der Montagabend, dessen Ereignisse sich über die ganze Nacht bis in den Morgen erstreckten. Sie wurde als „Nacht der Versöhnung mit den Vorfahren" bezeichnet, und in ihrem Verlauf gab man dem Meister zufolge den Seelen der Vorfahren ihren Frieden zurück. Bevor ich den tieferen Sinn dieser Praxis erläutere, möchte ich einfach beschreiben, was ich bei meiner ersten Teilnahme an dieser geheimnisvollen Nacht gesehen habe.

Noch außergewöhnlicher und eigentümlicher war der Montagabend … die „Nacht der Versöhnung mit den Vorfahren"

Wieder erhellte das sanfte, friedvolle Licht einiger Öllampen den großen Saal mit seinen weißen Wänden, dessen Boden diesmal mit einer Reihe dicker Teppiche ausgelegt war, die nur den Kreis des Enneagramms offen ließen. Neun Hakime saßen auf der Kreislinie, während der Meister selbst außerhalb des Kreises auf einem niedrigen Tisch saß, der als Podest diente. Männer, Frauen und sogar Kinder saßen dicht gedrängt entlang der Wände. Es waren ungefähr einhundert Menschen, die ganz offensichtlich sehr unterschiedlichen Gesellschaftsschichten angehörten. Neben Frauen, die in einen Tschador gehüllt waren, saßen in kostbarste Seidengewänder gekleidete Frauen, die aussahen, als seien sie geradewegs den Geschichten aus Tausendundeiner Nacht entsprungen. Bauern in groben Wollmänteln saßen neben Männern, die nach westlicher Manier in Anzug, weißes Hemd und Krawatte gekleidet waren.

Die Männer und die meisten Frauen verharrten in andächtiger Stille und Gegenwärtigkeit wie ein Spiegelbild der Hakime, die schweigend und unbeweglich auf der Kreislinie des Enneagramms saßen. Sogar die Kinder ließen sich von dieser Stimmung innerer Ruhe anstecken, und die lächelnde Aufmerksamkeit ihrer Mütter schien ihren Bedürfnissen vollkommen zu genügen.

Plötzlich ertönt die feste Stimme des Meisters gleich einer Frage in die Stille hinein. Es vergehen einige Augenblicke, und alle Augen sind auf ihn gerichtet. Ein Mann, der an der Mauer gesessen hatte, erhebt sich mit ernster Miene. Er sieht den Meister an, verneigt sich vor ihm als Zeichen des Grußes und der Achtung, und sieht ihn erneut an. Der Meister bedeutet ihm, nach vorne zu kommen. Als der Mann vor ihm steht, verneigt er sich noch einmal, und der Meister fordert ihn auf, auf dem Podium neben ihm Platz zu nehmen. Es folgt ein kurzer Dialog, der mir die Erläuterung eines Problems zu sein scheint. Der Meister bedeutet dem Mann, sich wieder zu erheben. Der Mann betritt den Kreis und verbeugt sich nacheinander vor sechs der neun Hakime, die auf der Kreislinie des Enneagramms sitzen. Die sechs Hakime erheben sich, als ob sie ausgewählt worden seien. Der Mann schaut zum Meister, der ihm ein weiteres Zeichen gibt und einige Worte zu ihm spricht. Daraufhin stellt sich der Mann hinter den ersten der sechs Hakime, legt die Hände auf dessen Schulterblätter, schiebt ihn auf das Innere des Kreises zu und hält ganz plötzlich inne. Wieder sieht er zum Meister. Dieser deutet auf einen zweiten Hakim, woraufhin die Szene sich wiederholt: Der Mann stellt sich hinter den Hakim, legt beide Hände auf dessen Schulterblätter und schiebt ihn auf eine andere Stelle innerhalb des Kreises zu. Die anderen vier Hakime, die er gebeten hatte, sich zu erheben, stellt er anschließend ebenfalls an einen bestimmten Punkt innerhalb des Kreises. Dann ruft der Meister ihn erneut zu sich. Die Hakime stehen nun im Kreis des Enneagramms. Einer blickt zu Boden, ein zweiter blickt nach außen, drei schauen einander an, und der letzte bedeckt seine Augen mit den Händen. Plötzlich höre ich den Meister mit mächtiger Stimme rufen: *„Allah Hu!“* Das bedeutet „der Atem Gottes“. Was jetzt geschieht, ist für alle eine Überraschung: Einer der Derwische tritt sofort aus dem Kreis und verlässt den großen Saal. Ein zweiter Derwisch bricht zusammen und liegt hingestreckt auf dem Boden, als sei er tot. Der Derwisch, der seine Augen mit den Händen bedeckt hatte, geht bis zum Rand des Kreises, wendet der Szene den Rücken zu und schaut in eine völlig andere Richtung. Die zwei Derwische, die nahe beieinander gestanden hatten, gehen auf den zu, der am Boden liegt, und schauen ihn mit offensichtlich großer Traurigkeit an. All das spielt sich wie in

Zeitlupe ab, und ich habe den Eindruck, dass die Atmosphäre im Raum dichter geworden ist. Keiner der Zuschauer bewegt sich, nicht einmal die Kinder, und es hat den Anschein, als ob sie alle den Atem anhalten würden. Alle sind gefesselt, bis drei Frauen, die inmitten der Menge an der Wand gesessen hatten, sich plötzlich erheben, als ob sie einem geheimen Zeichen gehorchen würden, obwohl nichts geschehen ist, und sich weinend auf den Derwisch stürzen, der wie tot am Boden liegt. Eine der Frauen umklammert seine Füße, eine zweite ergreift seine Hand, und die dritte Frau beugt sich über seinen Kopf, ihr Gesicht in den Händen vergraben. Zugleich sehe ich, dass der Mann, der neben dem unbewegten Meister sitzt, ein großes Taschentuch herauszieht und sich über die Augen wischt, von starken Gefühlen ergriffen angesichts des Schauspiels, das er in Gang gesetzt hat. Als sei die Zeit plötzlich stehen geblieben, verharren alle Protagonisten im Kreis einige Minuten lang in ihren Bewegungen, bis die Stimme des Meisters von neuem ertönt. *„Allah Hu!“*, ruft er aus und erhebt sich von seinem Platz. Er geht auf das Innere des Kreises zu, gibt allen, die auf dem Boden knien oder liegen, ein Zeichen, sich zu erheben, richtet die auf, die vornüber gebeugt waren, lässt den Hakim zurückholen, der die Halle verlassen hatte, und versammelt alle in einem Kreis, in dem alle an der geschilderten Szene beteiligten Protagonisten sich die Hände reichen. Als alle versammelt sind, spricht der Meister, der in der Mitte des inneren Kreises steht, ein Wort, worauf alle, die im Kreis stehen, zu Boden blicken und anfangen, gemeinsam mit ihm zu psalmodieren: *„Allah Hu, Allah Hu, Allah Hu.“* Gleichzeitig habe ich den Eindruck, dass die dichte Atmosphäre im Raum sich fühlbar in eine äußerst starke Kraft verwandelt, die alle, die in diesem inneren Kreis stehen, in rhythmische Schwingungen und Bewegungen zu versetzen scheint. Allmählich heben alle die Augen und

All das spielt sich wie in Zeitlupe ab, und es entsteht der Eindruck, dass die Atmosphäre im Raum dichter geworden ist

Die Gesichter sind von einem inneren Licht erhellt

schauen nach oben, während sie ihren Gesang fortsetzen: *„Allah Hu, Allah Hu, Allah Hu.“* Die Gesichter sind von einem inneren Licht erhellt, als ob sie alle einer tiefen Freude begegnet seien. Tatsächlich beginnen sie, einander anzuschauen und einander anzulächeln, als ob ein Problem gelöst worden sei. Nun gibt der Meister dem Mann, der neben ihm gesessen hatte, ein Zeichen, den Platz eines der Hakime einzunehmen, woraufhin dieser zu seinem Platz an einer der Spitzen des Enneagramms zurückkehrt und dort Platz nimmt. Der Mann, noch immer sichtlich bewegt, betritt nun den Kreis und wird allmählich ebenfalls von dieser Schwingung tiefer Freude erfasst, die sein Gefühl verwandelt. Sein Gesicht strahlt in neuem Glanz. Die Stimme des Meisters ertönt erneut. Alle verstummen, und mit einem Zeichen öffnet er den Kreis. Jeder kehrt wieder an seinen Platz zurück: die Hakime auf die Kreislinie des Enneagramms, die Frauen auf ihre Plätze an der Mauer und der Mann an die Seite des Meisters, der noch einige Worte zu ihm spricht. Danach verbeugt sich der Mann vor dem Meister, ergreift seine Hand, küsst sie und hebt sie an seine Stirn, während der Meister ihm mit der anderen Hand in einer liebevollen Geste über den Kopf streicht. Dann berührt er ihn leicht an der Schulter, richtet ihn auf und gibt ihm mit einem Zeichen zu verstehen, dass er wieder an seinen Platz an der Mauer zurückkehren möge. Nachdem der Mann sich gesetzt hat, steht ein anderer Mann auf, verneigt sich und geht auf den Meister zu. Das Schauspiel fängt von vorne an und wiederholt sich im Laufe der Nacht viele Male. Immer wählt ein Mann oder eine Frau mehrere der Hakime aus, die am äußeren Rand des Enneagramms sitzen. Immer erheben sich andere Protagonisten aus der Menge, die an der Mauer sitzt, um an der Szene teilzunehmen. Im Verlauf der Nacht schlafen einige der Anwesenden ein und wachen wieder auf, aber ich selbst bin so gefesselt von dem, was sich vor meinen Augen abspielt, dass ich nicht einmal bemerke, wie die Nacht vergeht. Früh am Morgen erhebt sich der Meister und verlässt die große Halle. Die Hakime begleiten ihn. Die Schüler des Klosters bleiben, bis alle Männer, Frauen und Kinder den Raum verlassen haben.

Die Erklärung für das, was in dieser Nacht geschehen war, kam mir zuerst noch außergewöhnlicher vor als das, was ich gesehen hatte. Ich weiß inzwischen jedoch, dass daran nichts Außergewöhnliches ist, sondern dass sich vollkommen natürliche Fähigkeiten gezeigt hatten, die jeder Mensch besitzt, wenn er ihnen in bestimmten Situationen erlaubt, zum Ausdruck zu kommen.

Hier hatten sich vollkommen natürliche Fähigkeiten gezeigt, die jeder Mensch besitzt

Der Meister erklärte mir das, was ich in dieser Nacht gesehen hatte und später einmal meine eigenen Schüler lehren würde, als „euphonische Darstellungen der Bewegungen der Seele" im Rahmen des systemischen Samadeva. Einige Formen wie das Psychodrama oder das Familienstellen sind auch im Westen bekannt, und ich habe offenbar einen der Ursprünge dieser Therapieform gesehen, die auch ein ganz wesentlicher Bestandteil des Theaters im antiken Griechenland war.

„Euphonische Darstellungen der Bewegungen der Seele" im Rahmen des systemischen Samadeva

Ein wesentlicher Bestandteil des Theaters im antiken Griechenland

Viele rätselhafte Legenden umgeben das Kloster der Unsterblichkeit, von dem es heißt, dass es seit Anbeginn aller Zeit existiert. So erzählt man sich zum Beispiel, dass es nur die Menschen finden können, die ein reines Herz und gute Absichten haben. Für alle anderen ist es unauffindbar, selbst dann, wenn sie eine Karte besitzen, die ihnen den Weg weist. Man erzählt sich auch, dass es im Laufe eines Zeitraums von neun Jahren zwei Mal mit allen seinen Bewohnern für zwei Jahre verschwindet, um anschließend wie aus dem Nichts oder vielmehr wie aus einer anderen Welt wieder zu erscheinen.

Mir wurde gestattet, über das zu berichten, was ich während meines ersten Aufenthalts im Kloster der Unsterblichkeit gesehen habe

Ohne die Geheimnisse zu verraten, die mir enthüllt wurden und die ich nur denen offenbaren darf, die den Weg der Einweihung gehen, wurde mir aber dennoch gestattet, über das zu berichten, was ich während meines ersten Aufenthalts im Kloster der Unsterblichkeit gesehen und erlebt habe. Es war mein erster Besuch bei dem Mann, von dem man sagt, er sei einer der lebenden Meister der Weisheit. Ich will hier nicht über die zahllosen Hindernisse sprechen, die ich überwinden musste, bevor ich am Fuße des Berges ankam, auf dem das Kloster liegt.

An der Pforte befindet sich eine Glocke, und ich läute. Nach einigen Augenblicken wird die Tür von einem jungen, etwa dreißigjährigen Mann von außerordentlicher Schönheit geöffnet. Ist er ein Diener oder ein Prinz? Ich vermag es nicht zu sagen. Nachdem ich mich vorgestellt habe, führt er mich durch mehrere lange Korridore zu meinem Zimmer und schlägt vor, ich solle mich erst einmal erfrischen und ausruhen. Auf dem Tisch stehen frisches Obst, eine dampfende Teekanne und eine Trinkschale. Kaum eine Stunde ist vergangen, als er zurückkehrt, um mir alles zu zeigen, was ich von diesem Ort kennen muss. Der Stil ist mittelalterlich: Die Mauern des Klosters bestehen aus Quadern, und ich sehe reiche Holzvertäfelungen und orientalische Teppiche. Obwohl in allen Räumen eine sehr geheimnisvolle Atmosphäre herrscht, wirken sie dennoch warm und einladend. Im Laufe der „Führung“ begegnen wir mehreren Personen, die mir nicht vorgestellt werden, die mich aber alle mit einem Lächeln grüßen. Sie hinterlassen bei mir denselben Eindruck einer gewissen distanzierten, aber dennoch äußerst warmherzigen und liebenswürdigen Vornehmheit, wie ich sie bei meinem Führer bereits gefunden habe.

Dieser führt mich schließlich in einen anderen Flügel des Gebäudes, in dem es keine privaten Räume und Wohnungen gibt. Er erklärt mir, dass wir nun in die Studien- und Arbeitssäle kommen. Der erste dieser Säle ist die bereits beschriebene Halle, in der die Kranken empfangen werden. Sie ist leer. Nachdem wir einige schwere Türen durchschritten haben, kann ich am Ende des Korridors den Klang von Musik und Gesang oder vielmehr von Worten hören, die jemand deklamiert. Je näher wir dem nächsten Saal kommen, umso deutlicher höre ich die Musik. Dann gelangen wir in einen weiteren großen Saal, in dem zwölf Musiker im Kreis sitzen und Melodien spielen, die ich in keine mir bekannte Musikrichtung einzuordnen vermag. Sie klingen weder orientalisch noch westlich. Der Eindruck ist jedoch so stark, dass die erste Melodie, die ich höre, in meiner Erinnerung bis heute nachklingt … Wir durchqueren den Saal, ohne dass die Musiker auch nur die geringste Notiz von uns nehmen.

Melodien, die ich in keine mir bekannte Musikrichtung einzuordnen vermag

In den sich anschließenden Sälen praktizieren einige Personen ganz besondere Bewegungen und Tänze, wie ich sie bislang noch nie gesehen habe. Später werden meine Lehrer mich nicht nur in diesen Bewegungen unterweisen, die in Wahrheit eine Form therapeutischer Gymnastik sind, sondern auch in den heiligen Tänzen und der Musik. Bei den körperlichen Übungen, die ich sehe, handelt es sich um die Arkanas der euphonischen Gestik des Samadeva.

Ganz besondere Bewegungen und Tänze, wie ich sie bislang noch nie gesehen habe

In weiteren Sälen sind Kalligraphen, Maler und Bildhauer am Werk. Sie alle arbeiten in vollkommener Stille. Danach kommen wir durch zwei Räume, die mich stark an das Labor eines Chemikers oder vielmehr eines Alchemisten im Mittelalter erinnern. Ich sehe Phiolen und Reagenzgläser sowie zahlreiche Behälter, die Pflanzen und alle möglichen Flüssigkeiten zu enthalten scheinen. In diesen Räumen werde ich später in die Kunst der „heilenden Düfte“ eingeweiht werden, die Nutzung von Pflanzenessenzen und Räucherwerk für therapeutische Zwecke.

Ich werde auch in die Kunst der „heilenden Düfte“ eingeweiht werden

Schließlich gelangen wir an eine große Pforte, die in einen inneren Garten führt, in dessen Mitte ein Brunnen plätschert. Mein Führer, dessen Namen ich noch immer nicht weiß, teilt mir mit: „Der Meister wird dich am frühen Abend empfangen. Bis dahin ist es dir freigestellt, das Haus zu erkunden, zu ruhen oder bei den verschiedenen Aktivitäten zu helfen, die in den Studien- und Arbeitsräumen im Gange sind. Wenn du meine Hilfe brauchst, wirst du mich finden." Mit einem letzten, rätselhaften Lächeln lässt er mich allein vor dem Brunnen zurück.

Der Klang des Wassers erinnert mich an die Worte von Zarathustra: *„Und auch meine Seele ist ein springender Brunnen."* Ja, obwohl ich doch erst seit wenigen Stunden an diesem Ort bin, ist meine Seele dennoch bereits von Eindrücken erfüllt, von denen der eine ebenso reich ist wie der andere …

Ich bin erst wenige Stunden an diesem Ort, und meine Seele ist bereits erfüllt von Eindrücken, von denen der eine ebenso reich ist wie der andere

Sind es die Aktivitäten, deren Zeuge ich geworden bin, oder ist es die besondere Atmosphäre des Klosters? Alles hier scheint so einfach und dennoch von Heiligkeit geprägt. Es ist ein Gefühl, das mir vollkommen neu und vertraut zugleich ist … als würde ich diesen Ort, diese Menschen und diese Aktivitäten bereits kennen … als wäre eine alte Erinnerung in meinem Gedächtnis wieder erwacht. Dennoch bin ich zum ersten Mal in meinem Leben hier – oder sollte ich besser schreiben „ zum ersten Mal in diesem Leben"?

Mein Führer kehrt zurück, um mich aus den Klostermauern hinaus und über einen etwa dreißig Meter langen Pfad zu einem Haus zu führen, das verfallen wirkt. Eines der Zimmer ist jedoch bewohnbar und stellt die Bleibe des Meisters dar. Wir gehen um das kleine Gebäude herum, und in einiger Entfernung kann ich eine in Weiß gekleidete Silhouette sehen. Es ist Pir Kejttep Ançari. Wir gehen auf ihn zu. Ich glaube, dass mein Führer neben mir geht, aber er hat sich in größter Diskretion zurückgezogen, ohne dass ich es bemerkt habe, sodass ich plötzlich allein vor dem Meister stehe. Seine weißen Haare sind unter einem Turban verborgen. Das Lächeln auf seinen Lippen, das der lange weiße Bart fast verbirgt, lässt mich erkennen, dass ich mich in der Gegenwart eines Menschen befinde, dessen gesamtes Wesen große Liebe und Schönheit ausstrahlt. Trotz seines hohen Alters – es heißt, er sei 144 Jahre alt – ist seine Stirn glatt, und trotz ihrer dunklen Farbe sind seine Augen so klar, dass sie den Augen eines Adlers gleichen, der in den tiefsten Tiefen des menschlichen Wesens die Wahrheit erspäht. Sein Blick, der Verstehen und Intelligenz ausdrückt, und sein freundliches Lächeln überzeugen mich endgültig: Ein Mann wie er weiß, was er tut … und er heißt mich in seinem Zuhause willkommen! Seine ersten Worte an mich sind eine Einladung, mit ihm im Wald spazieren zu gehen, an dessen Rand das Kloster liegt. Wir sind kaum dreihundert Meter weit gegangen, als urplötzlich ein Tiger auf dem Weg auftaucht. Ich spüre, wie Angst und sogar Entsetzen in mir aufkommen. Der Meister ergreift meine Hand, und sofort bin ich von größter Ruhe durchströmt. Der Tiger kommt ganz ruhig einige Schritte auf uns zu und verschwindet dann ebenso ruhig wieder im Gebüsch. Pir Kejttep Ançari erklärt mir: „Er und ich sind vollkommen frei von Angst, und darum können wir beide mit großer Ruhe durch den Wald wandern.“ Erst sehr viel später sollte ich verstehen, was dieses Ereignis zu bedeuten hatte, von dem ich lange Zeit nicht wusste, ob es ein Traum oder Wirklichkeit gewesen war.

Ein Mann wie er weiß, was er tut …

Unsere Unterhaltung dauert eine Stunde, und ich verlasse ihn in der Gewissheit, dass ich nicht nur einem außergewöhnlichen Mann begegnet bin, sondern auch einem Mann, der in seinem Alltag höchstes spirituelles Wissen verkörpert, einem Mann, der aus der Quelle der Erkenntnis und des Seins, der Weisheit und des Lebens schöpft.

Gewissheit, dass ich einem Mann begegnet bin, der aus der Quelle der Erkenntnis und des Seins, der Weisheit und des Lebens schöpft

Es wird allerdings eine noch weit außergewöhnlichere Legende von Pir Kejttep Ançari erzählt. Es heißt von ihm, er sei der Khidr, den Mystiker vieler Religionen als den ewigen Menschen darstellen. Man sagt auch, er sei der Prophet Elias am Ursprung aller Geistigkeit. Er soll Mohammed und Moses eingeweiht haben, noch ehe dieser den Berg Sinai erstieg. Er gilt als der verborgene Meister, der sich jedem Suchenden auf seinem Weg der Einweihung auf persönliche Weise offenbart. Einige Menschen sagen, dass er immer lebt und dass jeder Suchende ihm im Laufe seines Lebens mindestens einmal begegnet.

Die Nomaden der Wüste erzählen seine wunderbare Geschichte. Für sie ist er nicht nur der Schutzpatron aller Reisenden, Diebe und Händler, sondern vor allem eine Verkörperung der göttlichen Vorsehung. Wer ihm begegnet, darf ihm niemals Fragen stellen. Er muss sich seinem Ratschlag unterwerfen, so bizarr er auch scheinen mag, denn unter einem bisweilen absurden äußeren Anschein weist der Khidr stets den Weg der Wahrheit, der Gesundheit und des Glücks. Er verschwindet, sobald er seinen Dienst erbracht hat.

Einige sagen auch, er sei der Sohn Adams und habe den Leichnam seines Vaters vor der Sintflut gerettet. Er soll in einer Höhle geboren sein. Mitunter wird er mit dem heiligen Georg oder mit dem Erzengel Michael verwechselt, der den Drachen erschlug. Manche halten ihn für den Hermes Trismegistos der Alchemisten. Er soll den Quell des Lebens erreicht, von ihm getrunken, darin gebadet und dadurch Unsterblichkeit erlangt haben. Er ist es, der das Geheimnis der ewigen Jugend kennt.

Legende oder Wirklichkeit? Mehr zu erzählen ist mir nicht erlaubt. Nun wünsche ich dem Leser, dass er dank dessen, was mir gegeben wurde und was ich an ihn weitergeben darf, Hoffnung, Gesundheit und Harmonie finden möge.

DIE NEUN ZWEIGE DES SAMADEVA

Idris Lahore

Die neun Zweige des Samadeva stellen ein System dar, das allen Anteilen des menschlichen Wesens wirklich Rechnung trägt, seine geistige Dimension eingeschlossen. Überdies berücksichtigt es die Beziehung des Menschen zu seinen Mitmenschen und zur Natur. Das letzte Kapitel gibt einen kurzen Überblick über diese neun Zweige des Samadeva, die jeder, der daran interessiert ist und den Wunsch dazu verspürt, an der im Elsass gelegenen *Libre Université de l'Euphonie Gestuelle du Samadeva* (Freie Universität der euphonischen Gestik des Samadeva) und insbesondere im Rahmen des dort jährlich stattfindenden Kongresses für sich entdecken kann.

FREIE UNIVERSITÄT DER EUPHONISCHEN GESTIK DES SAMADEVA

Zum ersten Zweig des Samadeva gehören die euphonische Gestik und die euphonischen Techniken der Entspannung.

ERSTER ZWEIG

DIE EUPHONISCHE GESTIK DES SAMADEVA

- Unter allen geistig-körperlichen Methoden hat die euphonische Gestik des Samadeva eine überragende Stellung inne. Diese Methode besteht aus Bewegungen und Haltungen, die zu eigens dafür erdachter Musik ausgeführt werden. Sie vereint östliche, mit Tai Chi Chuan, Chi Gong und Yoga vergleichbare Ansätze mit im Westen entwickelten Methoden wie Eurythmie, Stretching und Entspannung. Sie geht auf die ältesten Weisheitslehren zurück, wurde jedoch perfekt an die Bedürfnisse und Werte der Menschen von heute angepasst, deren Leben viel stärker von Stress und sitzender Tätigkeit geprägt ist. Das vorliegende Buch stellt die grundlegende Komponente der euphonischen Gestik des Samadeva vor: die sieben höheren Arkanas.

- Die euphonischen Techniken der Entspannung sind eine Antwort auf Stress und Schmerz. Ihr Ursprung liegt in Wissen, das einige tausend Jahre alt ist, und sie sind als therapeutische Traditionen bekannt. In den Grundtechniken geht es darum, die Aufmerksamkeit auf sich selbst, den eigenen Körper, Gedanken und Emotionen zu richten. Sie bestehen aus langsamen oder dynamischen Bewegungen und speziellen, im Stehen, Sitzen oder Liegen ausgeführten Atemtechniken. Besonders interessant sind die euphonischen Techniken der Entspannung für Menschen, die an den negativen Auswirkungen von Stress, Sorgen oder chronischen Schmerzen leiden. Außerdem verbessern die euphonischen Techniken der Entspannung die körperliche und die geistige Leistungsfähigkeit in vielen Bereichen des Lebens.

EUPHONISCHE TECHNIKEN DER ENTSPANNUNG

Die „Behandlung der Gelenke" ermöglicht mit äußerst einfachen Techniken eine sanfte Korrektur von Problemen in den Gelenken und in der Wirbelsäule. Rücken und Gliedmaße erlangen ihre Beweglichkeit und Leichtigkeit zurück. Die Folge ist ein verbessertes Gleichgewicht sowohl des Körpers als auch des Nervensystems.

ZWEITER ZWEIG
BEHANDLUNG DER GELENKE

Diese Methode beinhaltet:

- Anpassung und Selbstanpassung der Gelenke: Einfache Bewegungen ermöglichen die Beseitigung vieler Arten von Schmerz entzündlichen oder muskulären Ursprungs, die durch winzige Verschiebungen oder Verrenkungen in einem Gelenk entstehen.
- Die Arkanas der Revitalisierung und Dynamisierung.
- Verschiedene Arten der Massage sowie euphonische und energetische Berührungen: Hier werden die modernen und überlieferten Techniken des Westens und des Ostens vereint. Sie bewirken Entspannung und Vitalität, lösen psychologische Spannungen und sorgen dafür, dass die Energie ungehindert im Körper zirkulieren kann.

ANPASSUNG UND SELBSTANPASSUNG DER GELENKE

EUPHONISCHE UND ENERGETISCHE BERÜHRUNGEN

Zu diesen Techniken zählen: die energetische Berührung des Gesichts; die Aktivierung der Energiebahnen (*silsilla*) bzw. der Meridiane der Gliedmaße durch sanfte Berührung, um Blockaden zu lösen; die sanfte, energetisierende und rhythmische euphonische Hakim-Berührung des Rückens, deren Wirkung den ganzen Körper, die inneren Organe und die Psyche umfasst und die emotionale, körperliche und energetische Spannungen löst.

DRITTER ZWEIG
ENERGETISCHE TECHNIKEN FÜR DIE MERIDIANE

Die energetischen Techniken für die Meridiane vereinen das Wissen der chinesischen Medizin, des Ayurveda, der griechischen Medizin und der Medizin der Derwische, die alle das Vorhandensein energetischer und informatischer Systeme im Menschen anerkennen. Krankheiten werden als Störungen des Energie- und Informationsflusses betrachtet, und diese energetischen Techniken der Harmonisierung, die den Energiefluss wieder ins Gleichgewicht bringen und den Informationsfluss neu ausrichten, haben eine viel tiefere und weitaus schnellere Wirkung als die meisten anderen Therapieformen.

VIERTER ZWEIG
PSYCHOLOGIE DES ENNEAGRAMMS

Die Psychologie des Enneagramms gibt uns die Möglichkeit, nicht nur uns selbst, sondern auch andere Menschen besser zu verstehen, sodass wir besser zusammen leben und arbeiten können. Das Enneagramm lässt Sie entdecken, dass es neun verschiedene Typen von Menschen gibt, die entsprechend der Mechanismen ihres jeweiligen Typs funktionieren. Der Typ gibt außerdem auch Aufschluss über Problematiken, die mit Hilfe der Psychologie des Enneagramms gelöst werden können.

FÜNFTER ZWEIG
ESSENZIELLE PSYCHOLOGIE

Die essenzielle Psychologie ist einer der tiefsten transpersonalen Ansätze. Da sie über die psychologische Beobachtung hinausgeht, gibt sie uns die Möglichkeit, das Ego zu überschreiten, um die eigene „Essenz" – das höchste Selbst – zu verwirklichen.

SECHSTER ZWEIG
Alchemistische oder spagyrische Energiemedizin

Die alchemistische oder spagyrische Energiemedizin, deren Basis die Verwendung von Mineralien und Pflanzen ist, existiert seit Anbeginn der Zeit und ist an die Bedingungen der heutigen Zeit und der Menschen von heute angepasst worden.

SIEBTER ZWEIG
Diätetik und Ernährung

Der siebte Zweig verbindet neueste Erkenntnisse in den Bereichen von Diätetik und Ernährung mit dem traditionellen Ansatz der Derwische, der an die Menschen von heute angepasst wurde.

ACHTER ZWEIG
Kunst, Strukturen, Strahlung

Kunst, Strukturen, Strahlung: Eine Sammlung von Wissen, die mit dem chinesischen Feng Shui und dem indischen Vastu verwandt ist. Dieser Zweig des Samadeva gibt uns die Möglichkeit, die Einflüsse von Kunst, Formen, Strukturen und Strahlen (z. B. Erdstrahlen) auf die Gesundheit zu untersuchen.

Der systemische Samadeva ist eine sehr alte Kunst und wird auch „euphonische Darstellungen der Bewegungen der Seele“ genannt. Er ist mit den heute bekannten, generationsübergreifenden Therapieformen und anderen Familienaufstellungen verwandt.

NEUNTER ZWEIG
Systemischer Samadeva oder „euphonische Darstellungen der Bewegungen der Seele“

Der systemische Samadeva ist eine Form von Gruppentherapie, die das Ziel hat, einem Menschen und durch ihn allen Menschen zu helfen, zu denen er in einer Beziehung steht. Dies gibt ihm die Möglichkeit, seinen Platz zu finden, indem er sich mit den schmerzhaften Ereignissen seiner Vergangenheit aussöhnt und die notwendige Kraft findet, die Gegenwart anzunehmen oder sich ihr zu stellen.

Diese therapeutische Arbeit, die sanft, still und mit unendlich großer Achtung ausgeführt wird, soll die „Bewegung der Seele“ fördern, die sich oft durch sehr langsame, über jede subjektive Interpretation hinausgehende Gesten zum Ausdruck bringt.

ÜBERSICHTSTABELLE

Seite 18

- Geistig-körperliche Methode zur Erlangung von Gesundheit und innerem Gleichgewicht
- Lernen, „Meister seiner selbst“ und seiner inneren Mechanismen zu werden

---

Seite 19

- Die euphonische Gestik des Samadeva, eine grundlegende Dimension der Erkenntnis, die das wahre Wesen der menschlichen Natur berührt
- Die dreigeteilte Natur des Menschen

Seite 20

- Die Menschheit ist weit davon entfernt, alle verfügbaren Ressourcen für ihre Entwicklung zu nutzen

---

Seite 21/22

- Freiheit wird möglich, wenn der Mensch, nachdem er seine Begrenzungen und Konditionierungen erkannt hat, an seiner Transformation zu arbeiten beginnt
- Freiheit ist keine Wesenseigenschaft des Menschen, aber etwas, das er erlangen kann
- Das „Reptilienhirn“, das „limbische Gehirn“, der „Neokortex“

Seite 23/24

- Das menschliche Verhalten mit seinen Paradoxen und Widersprüchen verstehen
- Drei Formen der Konditionierung: Reflexe, Schmerz/Vergnügen, Nachahmung
- Uns unserer vielen Gefängnisse bewusst werden

Seite 25

- Die Wirkungen der euphonischen Gestik des Samadeva

Seite 26

- Vergessene körperliche Empfindungen wie innere Stille und inneren Frieden erfahren

---

Seite 27/28

- Der „Energiekörper“: die Chakras oder Energiezentren
- Der „Systemkörper“
- Funktion der Chakras
- Die *Nadis*: Energiebahnen oder Meridiane
- Gleichgewicht und Störung der Chakras

Seite 29/30

- Direkte Beziehung der Chakras zum höheren Bewusstsein, zur inneren Weisheit, zum Wesen
- *Muladhara*, das erste Chakra, Wurzelchakra
- Energie des ersten Chakras: Familie und Vorfahren

Seite 32/33

- *Svadhisthana*, das zweite Chakra, Sexualchakra
- Energie des zweiten Chakras: Beziehungen

Seite 34/35

- *Manipura*, das dritte Chakra, Nabelchakra
- Energie des dritten Chakras: Persönliche Kraft und Transformation

---

Seite 36/37

- *Anahata*, das vierte Chakra, Herzchakra
- Energie des vierten Chakras: Emotionale Energie
- *Vishuddha*, das fünfte Chakra, Kehlkopfchakra
- Energie des fünften Chakras: Willenskraft

Seite 38/39

- Das *Latifa Lalana* Chakra
- *Ajna*, das sechste Chakra, Chakra des dritten Auges
- Energie des sechsten Chakras: Denken und Inspiration

Seite 39/40

- *Sahasrara*, das siebte Chakra, Kronenchakra
- Energie des siebten Chakras: Spirituelle Energie

Seite 41

- Übersichtstabelle: Die höhere Harmonie der sieben Chakras

Seite 45

- Euphonische Gestik und Gesundheit

Seite 46

- Körperliches und psychologisches Wohlbefinden
- Die Muskulatur, Bindeglied zwischen Körper und Psyche; Harmonisierung ihrer Funktion durch die Praxis der Arkanas der euphonischen Gestik des Samadeva
- Positive Wirkung der Arkanas auf das Gehirn

Seite 47

- Neurophysiologie der Aufmerksamkeit

Seite 48

- Die allgemeinen positiven Wirkungen einer regelmäßigen Praxis

---

Seite 49

- Körperliche, emotionale und mentale Harmonisierung

Seite 53

- Mit der Praxis beginnen

Seite 54

- Einige hilfreiche Hinweise zu Beginn der Praxis

Seite 55

- Mit geeigneter Musik praktizieren

Seite 59

- Die Grundhaltung und ihre positive Wirkung
- Die positive Wirkung der Haltungen und Bewegungen

Seite 60

- Die Bedeutung des Atems
- Die Wirkung der Atemtechniken

Seite 61

- Die sieben höheren Arkanas und ihre harmonisierende Wirkung auf den „Energiekörper"
- *Qi, nafa, ruh, prana, kundalini*

Seite 65

- Positive Wirkung der ersten Arkana: *„Der springende Brunnen"*

Seite 66–69

- Beschreibung der ersten Arkana: *„Der springende Brunnen"*

Seite 73

- Positive Wirkung der zweiten Arkana: *„Das Schilfgras im Wind"*

Seite 74–75

- Beschreibung der zweiten Arkana: *„Das Schilfgras im Wind"*

Seite 79

- Positive Wirkung der dritten Arkana: *„Der Tanz des Beckens"*

Seite 80–81

- Beschreibung der dritten Arkana: *„Der Tanz des Beckens"*

Seite 85

- Positive Wirkung der vierten Arkana: *„Der Sonnengruß"*

Seite 86–91

- Beschreibung der vierten Arkana: *„Der Sonnengruß"*

Seite 91

- *„Der Sonnengruß"*: die grundlegende Übung für Körper, Herz und Geist, um zu innerem Frieden zu gelangen

---

Seite 92

- *„Der Sonnengruß“*: die positiven Wirkungen der verschiedenen Haltungen

---

Seite 93

- *„Der Sonnengruß“*: Ausdruck der Dankbarkeit für die verschiedenen Reiche der Natur

---

Seite 97

- Positive Wirkung der fünften Arkana: *„Die Streckung der Lebensfreude“*

Seite 98 – 99

- Beschreibung der fünften Arkana: *„Die Streckung der Lebensfreude“*

Seite 98

- Die Streckung löst unsere Verspannungen, unter denen sich – auf einer tieferen Ebene – das Leben, die Freude und die Liebe verbergen, die wesentliche Eigenschaften der menschlichen Existenz sind

---

Seite 103

- Positive Wirkung der sechsten Arkana: *„Die Feuerfunken“*

Seite 104 – 109

- Beschreibung der sechsten Arkana: *„Die Feuerfunken“*

Seite 109

- Die Bewegungen der euphonischen Gestik des Samadeva sind Archetypen therapeutischer und heilender Bewegungen

---

Seite 113

- Positive Wirkung der siebten Arkana: *„Der Tanz der Planeten“*
- Der *Sama*, die uranfängliche Bewegung
- Der Ursprung des *Sama*

Seite 114 – 117

- Beschreibung der siebten Arkana: *„Der Tanz der Planeten“*

Seite 117

- Positive Wirkungen der Praxis des *Sama*

Seite 118–119

- *Rumi und die Seele der Göttin Samadeva:* die Geschichte der Tänzerin Samadeva

---

Seite 122–123

- Entspannung im Sitzen

Seite 124–125

- Entspannung im Liegen
- Entspannung: eine Übung, mit deren Hilfe man ein hohes Maß an bewusster innerer Energie ansammelt

---

Seite 129–130

- Die Haltung der Meditation

Seite 130/131

- Eine Technik, um sich in der Meditation der Atmung stärker bewusst zu sein
- Eine Technik, um die Konzentration in der Meditation zu verbessern
- In der Meditation das Bewusstsein des Selbst direkt erfahren

---

Seite 134–135

- *Om Samadeva*, die Arkana der sexuellen Harmonisierung; Beschreibung der Übung
- Das achte Chakra, *Latifa Lalana*, und das neunte Chakra, *Binduvisarga*

Seite 136–137

- Der taoistische Ursprung der Arkana der Sexualität
- Das *Latifa Lalana* Chakra und das *Binduvisarga* Chakra
- *Te, Qi, Prana*
- Der zweite feinstoffliche Energiekörper

Seite 159

- Dynamische Übungen und aktive Aufmerksamkeit
- Der Weg der menschlichen Seele durch die Zeit und die Evolution der Welten

---

Seite 160

- Die euphonische Gestik des Samadeva erfüllt alle mit dem Körper zusammenhängenden vitalen und psychischen Prozesse mit neuer Harmonie
- Brücke zwischen den expansiven Kräften des Unbewussten und den verhärtenden, verdichtenden Kräften, die im Menschen präsent sind

---

Seite 161

- Neben den fünf üblichen Sinnen regt die euphonische Gestik des Samadeva auch die sieben Sinne an, die den Menschen mit seiner Psyche und seinem Geist verbinden

---

Seite 162

- Die grundlegende Rolle des Körperbewusstseins: der Körper als Spiegel, der Bewusstsein bewirkt

---

Seite 163

- Sich als ein Schriftzeichen des Kosmos erkennen

Seite 164

- Die tiefe Verbindung zwischen Körper und Geist wieder entdecken
- Eine Arbeit der Harmonisierung und der Befreiung

Seite 165–167

- Samadeva und Quantenphysik: Überschreitung des Egos in befreiender und kreativer Selbstverwirklichung; eine bisher unbekannte Dimension der Wirklichkeit erproben; die Physiker John A. Wheeler, Fritz-Albert Popp, David Bohm; das Universum besitzt Bewusstsein und Intelligenz; unmittelbare Erkenntnis der Wirklichkeit, die über die bloßen Fähigkeiten des Gehirns hinausgeht; es gibt einen Ort, an dem der materielle Raum zur Erinnerung und die Zeit zur Ewigkeit wird; zur vereinigenden, unmittelbaren Erkenntnis des eigenen Seins und des Seins der Welt in der vollkommenen Entsprechung ihrer wahren Natur gelangen; echte Werkzeuge der Verwirklichung und des Erwachens stehen zu unserer Verfügung

---

Seite 169–171

- Der Ursprung des Samadeva: die heilenden Techniken der Derwische; die „Kunst der Unsterblichkeit" von Körper und Seele; die *Hakime*, Ärzte für Körper und Seele

---

Seite 172

- Das Enneagramm: Sinnbild des Höchsten auf der Erde
- Die behandelten Punkte – von den Derwischen als *Lataïf* oder *Taj* bezeichnet – entsprachen immer bestimmten Akupunkturpunkten

---

Seite 173

- Die Arkanas (geheime Übungen), das „Elixier der ewigen Jugend"
- Die Kunst der heilenden Worte
- Der Eindruck, in einem der Tempel des Schlafs und der Heilung im antiken Griechenland zu sein

---

Seite 175–180

- Die „Nacht der Versöhnung mit den Vorfahren"
- „Euphonische Darstellungen der Bewegungen der Seele", eine Form der Familienaufstellung; auch ein wesentlicher Bestandteil des Theaters im antiken Griechenland

---

Seite 180–185

- Das „Kloster der Unsterblichkeit"
- Melodien, die ich in keine mir bekannte Musikrichtung einzuordnen vermag
- Ganz besondere Bewegungen und Tänze, wie ich sie bislang noch nie gesehen habe
- Ich werde auch in die Kunst der „heilenden Düfte" eingeweiht werden
- Pir Kejttep Ançari: „ein Mann wie er" weiß, was er tut; die Gewissheit, einem Mann begegnet zu sein, der aus der Quelle der Erkenntnis und des Seins, der Weisheit und des Lebens schöpft

---

Seite 187–190

- Die neun Zweige des Samadeva:
  1. Die euphonische Gestik des Samadeva
     Euphonische Techniken der Entspannung
  2. Behandlung der Gelenke
  3. Energetische Techniken für die Meridiane
  4. Psychologie des Enneagramms
  5. Essenzielle Psychologie
  6. Alchemistische oder spagyrische Energiemedizin
  7. Diätetik und Ernährung
  8. Kunst, Strukturen, Strahlung
  9. Systemischer Samadeva oder „euphonische Darstellungen der Bewegungen der Seele"

DIE AUTOREN

IDRIS LAHORE

ist seit seiner Kindheit mit Traditionen und Kulturen sowohl des Ostens als auch des Westens vertraut. Auf seinen zahllosen Reisen, die ihn durch die ganze Welt geführt haben, hat er diese Traditionen studiert und nicht nur profundes Wissen darüber, sondern auch ein feinfühliges Verständnis für die menschliche Psyche erlangt. Idris Lahore ist Maler, Dichter und Schriftsteller, zugleich aber auch ein großartiger Beobachter und Endecker. Wir erinnern uns an Goethe, der die Dichtkunst der Sufis entdeckte. Dank der Arbeit von Idris Lahore entdecken wir heute die therapeutische Kunst der Derwische, den Samadeva, der eine essenzielle Kunst der Heilung, der Gesundheit und der Harmonie ist.

ENNEA TESS GRIFFITH

praktiziert bereits seit ihrer frühesten Jugend eine Reihe von geistig-körperlichen Techniken, zu denen östliche Techniken wie Yoga, Tai Chi, Qi Gong und die euphonische Gestik des Samadeva ebenso gehören wie die westlichen Methoden der Eurythmie oder der Bothmer-Gymnastik. Ennea Tess Griffith wurde von Idris Lahore über viele Jahre in den heilenden Techniken der Derwische ausgebildet und trägt wesentlich dazu bei, den Menschen im Westen das tausend Jahre alte Wissen und die praktischen Methoden der Derwische zugänglich zu machen. Gemeinsam mit Idris Lahore hat sie die neun Zweige des Samadeva entwickelt, die an der von ihr gegründeten *Libre Université de l'Euphonie Gestuelle du Samadeva* gelehrt werden. Ihre Spezialgebiete sind die euphonische Gestik des Samadeva, Zhineng Qi Gong sowie die energetische Behandlung der Meridiane.

EMMA THYLOCH

wurde von Idris Lahore selbst in den geistig-körperlichen Techniken der Derwische ausgebildet, die sie nun seit zehn Jahren lehrt. Sie ist Mitbegründerin der *Libre Université de l'Euphonie Gestuelle du Samadeva* und leitet zahlreiche Kurse und Seminare in der euphonischen Gestik des Samadeva, Nadi Yoga und den von Gurdjieff entwickelten Tänzen und Bewegungen. Außerdem organisiert sie Kurse und Workshops in ganz Europa. Im Rahmen eines der neun Zweige des Samadeva leitet Emma Thyloch darüber hinaus Ausbildungskurse in euphonischer und energetischer Massage.

KONTAKT

Wenn Sie mehr über den Yoga der Derwische (euphonische Gestik des Samadeva) erfahren oder Informationen über Kurse und Seminare sowohl für Anfänger als auch für Fortgeschrittene erhalten möchten, wenden Sie sich bitte an:

LA LIBRE UNIVERSITÉ DU SAMADEVA
Le clos ermitage
34 rue du Wittertalhof
67140 Le Hohwald
Frankreich

Tel.: 0033 / 3 / 88 08 31 31
Fax: 0033 / 3 / 88 08 34 99

E-Mail: info@libre-universite-samadeva.com
www.libre-universite-samadeva.com

Englischsprachige Anfragen: 0033 /3 / 88 08 51 36

Weitere Bücher aus dem Verlag Via Nova:

Durch Energieheilung zu neuem Leben

Atlas der Psychosomatischen Energetik

3. Auflage

Dr. med. Reimar Banis

Hardcover, 408 Seiten, Großformat, vierfarbig
ISBN 978-3-936486-15-5

Jeder Mensch, der mehr über sich, seinen unbewussten Charakter erfahren möchte, kann von diesem Buch nur profitieren. Der Leser findet Informationen aus allen Kultur-Epochen und spirituellen Disziplinen über die Lebensenergie, die Chakras und deren herausragende Bedeutung für Gesundheit, Lebensfreude und Sinnfindung im Leben. Der Autor verbindet das naturwissenschaftliche Weltbild mit Erkenntnissen der modernen Energiemedizin und uralter spiritueller Erkenntnisse. Ein neues Weltbild wird sichtbar, in dem die seelische Evolution des Einzelmenschen den eigentlichen Schlüssel darstellt. Dr. Banis schildert ein neues, einfaches System der Energiemedizin, das er entdeckt hat, um Energieblockaden in kürzester Zeit zu erkennen und zu heilen – die Psychosomatische Energetik.

Heilung und Neugeburt

Aufbruch in eine neue Dimension des Lebens

Barbara Schenkbier / Karl W. ter Horst

Hardcover, 272 Seiten, 30 Fotos, 10 Grafiken
ISBN 978-3-936486-57-5

Immer mehr Menschen suchen Auswege aus Einsamkeit und Trauer, Isolation und Sinnkrise. Sie sehnen sich nach Wärme und Licht, einem Aufbruch ins Leben, dem erneute Enttäuschungen und Niederlagen erspart bleiben. Barbara Schenkbier und Karl W. ter Horst geben anregende Impulse für den Aufbruch in eine neue Dimension des Lebens, für die spirituelle Neugeburt des Menschen. Diese Impulse sind begleitet von wegweisenden Ratschlägen für die Heilung von Seele und Körper. Die Autoren schöpfen aus der spirituellen Erfahrung einer neuen Dimension der Heilung und der Geschichte ganzheitlicher Heilverfahren aus dem göttlichen Feld. Die spirituelle Heilung wird ausführlich dargestellt. Mit einer bisher unveröffentlichten evolutions-psychologischen Methode ermöglichen sie dem Leser überraschende Einblicke in die verschlungenen Verläufe seiner eigenen Entwicklung. Alles Mitmenschliche und Kraftspendende, das dabei ans Licht des Bewusstseins dringt, bewerten die Autoren als Quellen von Heilung und Glück.

Quantengeist und Heilung

Auf seine Körpersymptome hören und darauf antworten

Arnold Mindell

Paperback, 296 Seiten
ISBN 978-3-86616-036-1

Quantengeist und Heilung ist Arnold Mindells neues Modell der Medizin, das auf den atemberaubenden Erkenntnissen der Pioniere der Quantenphysik beruht, welche die Landschaft unseres Glaubenssystems beinahe täglich neu gestalten. Mindell, der dort weitermacht, wo C. G. Jung aufhörte, hat sich als führender Experte im Gebrauch von Konzepten aus der Quantenphysik zur Heilung von Geist und Psyche erwiesen. Das Buch geht weit über die Theorie hinaus und stellt einfache Techniken, Übungsanleitungen und präzise Erklärungen wesentlicher Konzepte zur Verfügung, die es jedem Einzelnen ermöglichen, die Wurzeln selbst von chronischen Symptomen und Krankheiten, emotionalen, krankmachenden Mustern freizulegen, zu verstehen und zu beseitigen. Arnold Mindell: „Quantenphysik, die auch Sie anwenden können. Allen Aktionen und Ereignissen im Universum liegt eine Kraft zugrunde. Jeder Mensch besitzt die Fähigkeit, diese anzuzapfen, mit ihr zu interagieren und sie zur Selbstheilung zu benutzen."

Mit Yoga Nidra das Leben meistern

Das Energiepotenzial des Unbewussten erkennen und die Kreativität der Alpha-Ebene nutzen

Anna Röcker

Hardcover, 224 Seiten
ISBN 978-3-86616-069-9

Leicht erlernbare „magische“ Praktiken ermöglichen es auf verblüffend einfache Weise, die Fähigkeiten des Geistes optimal und zielgerichtet zu nutzen. Auf verschiedenen Stufen führt Yoga-Nidra von einer ganzheitlichen, tiefen Entspannung bis hin zur Lösung von alten Mustern und Blockaden sowie Programmierungen aus der Kindheit. Davon frei zu werden eröffnet völlig neue Möglichkeiten, die innere Stimme zu hören und das eigene kreative Potenzial zu entwickeln und für die eigene Lebensgestaltung einzusetzen. Im besten Sinne führt Yoga-Nidra nicht nur zur eigenen Weiterentwicklung und inneren Freiheit, sondern zur Mitgestaltung und Erhaltung der Schöpfung. Yoga-Nidra ist für jeden Menschen geeignet, da es sich um ein in sich schlüssiges System handelt. Das uralte Yoga-Nidra-Wissen wird damit zum Schlüssel für die „neue Zeit“, von der die moderne Gehirnforschung spricht.

Kraftquelle Yoga

Das Praxisbuch des Viniyoga

Gary Kraftsow

Paperback, 360 Seiten, Großformat, über 1000 Fotos
ISBN 978-3-86616-027-9

„Der Stern des Yoga geht auf.“ Mit diesen Worten beginnt ein Buch, dessen Lektüre für alle Yoga-Praktizierenden zu einer Sternstunde des Yoga werden kann. Im ersten Teil des Buches, das auf einzigartige Weise eine Vielzahl von Themen in großer Tiefe behandelt, erläutert der Autor die Grundlagen der Yoga-Praxis, zu denen körperliche Haltungen, der Atem und der richtige Aufbau einer Yoga-Stunde gehören, sowie die Biomechanik der Bewegung anhand einer Reihe praktischer, in sich abgeschlossener Übungsreihen. Der zweite Teil behandelt das enorm große Heilungspotenzial, das der Yoga-Therapie innewohnt. Für eine Vielzahl körperlicher und seelischer Erkrankungen zeigt der Autor – stets wissenschaftlich fundiert – eine Fülle von Übungsreihen und Haltungen, die in hohem Maße zu ihrer Heilung beitragen können. Einzigartig sind auch die exzellenten, über 1000 fotographischen Darstellungen und detaillierten Anleitungen zu den einzelnen Asanas. Dieses Buch ist eine Goldgrube praktischen Wissens, das den Leser immer wieder zu neuen Erkenntnissen führen wird.

Der Weg des Yoga

5. Auflage

Handbuch für Übende und Lehrende

Herausgegeben vom Berufsverband Deutscher Yogalehrer

Gebunden, 392 Seiten, 238 Zeichnungen
ISBN 978-3-928632-02-7

30 Verfasser, jeweils auf ihrem Fachgebiet kompetent und erfahren, haben in diesem großen Yogabuch den ganzen Reichtum der Yogawelt in komprimierter Form dargestellt. Mehrere Kapitel über die wichtigsten Quellentexte des Yoga, über die Yogameditation sowie über die verschiedenen Schulen und Meister des Yoga führen in die große Tradition des Yoga ein. Hatha-Yoga wird umfassend in all seinen Ausformungen und Übungswegen beschrieben und von seinem spirituellen Ziel her betrachtet. „Yoga im Westen“ setzt die wissenschaftlichen Forschungen und Erkenntnisse unserer Zeit und der westlichen Kulturtradition in Bezug zum Yoga. Das Buch bietet eine Fülle von wichtigen Informationen und vertiefenden Impulsen sowohl für den Yogaübenden als auch für den Yogalehrer.

Sprechstunde mit dem inneren Arzt

Wecke die Heilkräfte in dir selbst

Matt Galan Abend

Hardcover, 160 Seiten
ISBN 978-3-86616-071-2

Dieses Buch ist vor allem für Laien geschrieben und erklärt in verständlicher Sprache, wie typische Verhaltensmuster zu ebenso typischen Krankheitsbildern, zu sogenannten Zivilisationskrankheiten führen wie Rückenbeschwerden, Tinnitus, Stress-Syndrom, Bluthochdruck, Sexualstörungen u. a. Der Autor beleuchtet auch den psychischen Hintergrund. Sein Modell der 5 Ebenen beweist, dass eine Erkrankung immer den ganzen Menschen betrifft.
Aber wie wir uns selbst krank machen, können wir uns auch selbst wieder gesund machen. Wir können die Gesundheit unserer unbegrenzten Geistebene auch auf unsere begrenzte körperliche Materie übertragen, indem wir uns unserer eigenen Kraft, heilsamer und unheilsamer Energiefelder bewusst werden, die Erkrankung als Aufgabe annehmen und die richtigen Techniken anwenden.
An praktischen Beispielen wird erklärt, wie wir uns selbst testen können, ob Medikamente uns nützen oder schaden, wie wir die Wirkung medizinischer Therapien beträchtlich steigern und vermeiden können, dass eine Krankheit chronisch wird.

Dein Seelenhaus

Ein direkter Weg mit der Seele zu sprechen

Peter Reiter

Hardcover, 200 Seiten
ISBN 978-3-86616-062-0

Spielerisch die eigene Seele erkunden, Vorzüge und Defizite seiner Persönlichkeit in wenigen Minuten erkennen lernen und dabei auch noch Spaß und Entdeckerfreude haben – geht das? Ja, mit der hier vorgestellten und neu entwickelten Methode von Dr. Peter Reiter ist dies einfach.
Nicht nur, dass Sie endlich wissen werden, welche Talente und Fähigkeiten in Ihnen schlummern, Sie erkennen in diesem Bild des Seelenhauses sofort, schnell und sicher Ihre Defizite oder Bereiche, die der Zuwendung, Entwicklung und Heilung bedürfen. Sie verändern mit dem Umbau des Seelenhauses auch Ihre Seelenmuster und von da ausgehend auch Ihre äußere Erscheinung und Ihr Verhalten zur Mitwelt. Dies funktioniert bei Ihnen selbst wie auch bei Ihren Freunden, Kindern, Partnern oder Klienten und Patienten – eine kurze Bildmeditation genügt, um das Innere zu erfassen. Es geschieht mühelos, nur über eine entsprechende Visualisation und Absicht, denn die Lebensenergie folgt den Gedanken oder Bildern.

Erwachen in die Kraft der Seele

Ein Weg in die Selbstmeisterschaft und göttliche Entfaltung

Roswitha Köhler

Hardcover, 368 Seiten
ISBN 978-3-86616-078-1

Dieses Buch gibt Über- und Einblicke in die verschiedenen Dimensionen der Seele und vermittelt zugleich eine Fülle praktischer Übungen, um die Seele erfahren und entwickeln zu können und im Innern von ihr beglückt zu werden. Aus dem bewussten Kontakt mit den eigenen inneren Quellen erwächst die Kraft, mit verstärktem Engagement die Aufgaben des Lebens zu bewältigen. Zur Klärung psychisch-seelischer Aspekte zeigt die Autorin Methoden tiefer Selbstheilung auf und bietet Herz und Verstand eine Fülle spiritueller Wege zur Reifung des Selbstbewusstseins an. Erwachen geschieht durch Bewusstseins-Erweiterung und -Wandel auf verschiedenen Entwicklungsstufen (Ken Wilber). Zur Zeit ist es notwendig, unsere einseitige intellektuelle Weltsicht ganzheitlich in einen global-kosmischen Zusammenhang zu stellen. In wacher Hingabe an die weisheitsvolle und weise Führung unserer Seele erstarkt unsere Liebesfähigkeit und entfaltet sich letztlich das Göttliche.

Die Lamafrau

Mit Mut in ein neues Leben

Maria Köllner

Paperback, 200 Seiten
ISBN 978-3-86616-072-9

In diesem Buch wird die authentische Geschichte einer Frau erzählt, die sich auf eine lange Suche nach dem Traum ihrer Kindheit begibt – einem Hof mit Tieren. Mit Mut und einem wachsenden Vertrauen in einen „Weltenlenker", der sie sicher führt, findet sie ihren Weg in ein glückliches Leben, das Probleme natürlich nicht ausschließt. Zu einer Schlüsselfigur wird das Zirkuslama „Sancho" – deshalb auch der Name „Lamafrau", den sie sich selbst gibt, als sich ihr Traum zu erfüllen beginnt. Dieses Buch soll dem Leser Mut machen, das Leben vertrauensvoll im Glauben an sich selbst und an eine höhere, wohlwollende Macht zu meistern, alte Räume und Verletzungen hinter sich zu lassen und Neues zu wagen. Die Autorin möchte ein gefühlvolles Verständnis für die Natur und besonders für Tiere vermitteln, die auf dem neuen Weg ihre Lehrer wurden. Die „Mutregeln" nach jedem Kapitel sind ein Resümee und gleichzeitig eine Ermunterung für die Leser. Wer einen Wegweiser für sich und Ermutigung sucht, wird in diesem Buch beides finden.

Vom Urknall zur Erleuchtung

Die Evolution des Bewusstseins als Ausweg aus der Krise

Christian Brehmer

Hardcover, 280 Seiten, Großformat, 140 vierfarbige Fotos, 130 Grafiken
ISBN 978-3-86616-064-4

„Du kannst das Problem nicht lösen auf der Ebene, wo das Problem seine Wurzeln hat", sagte Albert Einstein. Es lässt sich nur von einer übergeordneten Ebene aus lösen. In diesem Buch geht es um die Umrisse dieser übergeordneten Ebene, einer neuen Bewusstseins- und Erkenntnisebene. Sie wird uns evolutionär erschlossen. Und um sie besser einzuordnen, befassen wir uns mit der faszinierenden Geschichte der Evolution, mit unserer Stammesgeschichte. Da gab es mehrere Phasenübergänge: nach der Entstehung des Universums mit dem Urknall die kosmische Evolution, dann den Übergang zur biologischen, zur chemischen, zur mentalen und zur technisch-kulturellen Evolution der Gegenwart. Und die Evolution geht weiter. Sie drängt in die Zukunft. Indem wir uns mit der in diesem Buch erstmals erarbeiteten Theorie der Phasenübergänge auseinandersetzen, gewinnen wir Überblick über das, was uns bevorsteht: die supramentale Evolution, die Erleuchtung, und mit ihr die Lösung der individuellen und kollektiven Probleme von der Wurzel her. Aber es bleibt nicht bei der Theorie. Im Buch finden wir konkrete Hinweise zur evolutionären Erweiterung des Bewusstseins und zur praktischen Neugestaltung unseres persönlichen und gesellschaftlichen Lebens.

Karten der Erkenntnis

9. Auflage

auf dem Weg nach innen

Das Buch der Erkenntnis

Chuck Spezzano

48 künstlerisch gestaltete Karten, Buch: 144 Seiten
ISBN 978-3-928632-32-4

Wollen Sie mehr Selbsterkenntnis gewinnen, persönliche Ziele und verborgene Wünsche erkennen, die Beziehungen im Privat- und Berufsleben verbessern, Ursachen für Probleme herausfinden und auflösen, Hindernisse auf dem Weg nach innen beseitigen? Dann sind die Karten der Erkenntnis und deren Erklärung eine große Hilfe. Sie sind einfach zu benutzen, hilfreich und inspirierend. Ganz gleich, ob Sie „sofortige Antworten" auf alltägliche Fragen oder langfristige Lösungen für die großen Herausforderungen des Lebens suchen, es wird Ihnen und Ihren Freunden helfen, positive Entscheidungen zu fällen und Veränderungen für eine bessere Zukunft herbeizuführen. Im beiliegenden Buch der Erkenntnis findet der Leser den Schlüssel zum Verständnis und zur Verwendung der Erkenntnis-Karten. Chuck Spezzano erläutert im Einzelnen die Bedeutung aller 48 Karten und erklärt eine Vielzahl von Möglichkeiten, mit ihnen zu arbeiten und sie zu deuten. Außerdem werden über zehn verschiedene Legesysteme beschrieben.